Couverture inférieure manquante

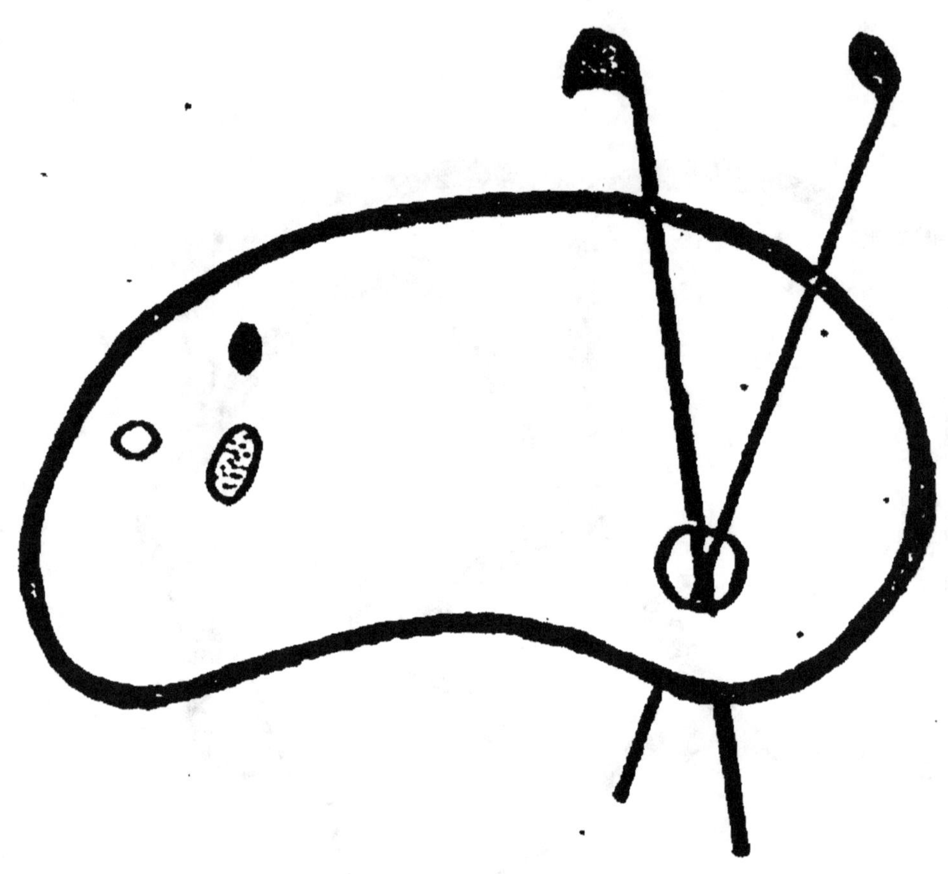

DÉBUT D'UNE SÉRIE DE DOCUMENTS
EN COULEUR

E. DE CYON

LA FRANCE ET LA RUSSIE

PARIS

LA NOUVELLE REVUE

18, BOULEVARD MONTMARTRE, 18

1890

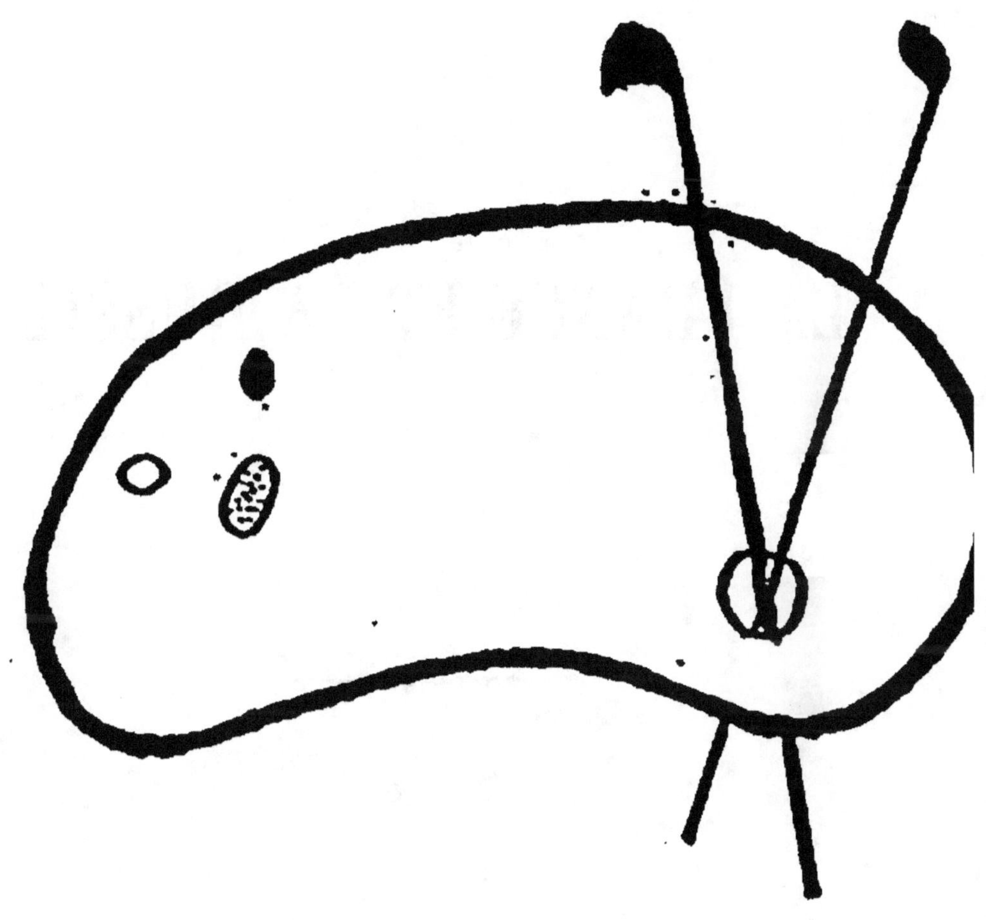

FIN D'UNE SERIE DE DOCUMENTS
EN COULEUR

E. DE CYON

LA FRANCE ET LA RUSSIE

PARIS

LA NOUVELLE REVUE

18, BOULEVARD MONTMARTRE, 18

1890

AVANT-PROPOS

L'entente morale entre la France et la Russie est devenue dans ces dernières années un important facteur de la politique européenne. Indépendamment des sympathies réciproques, elle a été provoquée par l'entière conformité des intérêts que les deux pays poursuivent, et par la communauté des dangers qui les menacent. Les services diplomatiques rendus en 1875 et 1887 par le Tsar à la France, le concours financier prêté par le peuple français à l'affranchissement économique de la Russie ont contribué à cimenter cette entente.

Si un traité formel d'alliance défensive ne l'a pas encore consacrée, si, par suite, la paix du monde continue à être menacée, la faute en est d'une part aux adversaires, fort habiles, des deux peuples; de l'autre, à leurs diplomates, fort maladroits.

Mais il est temps d'arriver à une solution! Des fiançailles trop prolongées aboutissent fatalement à une rupture quand les fiancés sont très impressionnables et mobiles; or Russes et Français le sont à un degré excessif... Depuis quelque temps leurs ennemis multiplient plus que jamais les intrigues souterraines afin de troubler leur entente; le succès de ces manœuvres amènerait des catastrophes immédiates pour la paix du monde et serait désastreux pour les deux pays. Empêcher pareil malheur de s'accomplir est donc le devoir de tout patriote.

Rien, suivant nous, ne contribuera mieux à faire échouer certaines menées ténébreuses qu'une franche et loyale explication des malentendus existants, un exposé sincère des fautes commises de part et d'autre.

Telle est la raison de cette brochure.

Il est temps d'aboutir, il n'est que temps!...

E. C.

LA FRANCE ET LA RUSSIE

A la mémoire de Michel Katkof.

I

A PROPOS DE LA BROCHURE DU COLONEL STOFFEL

La brochure de M. Stoffel a produit une certaine sensation en Europe, sensation due, il est vrai, bien plus à la gravité de la question soulevée qu'à la valeur intrinsèque de cet opuscule.

En effet, M. le colonel Stoffel, en s'attaquant au terrible problème des alliances politiques, n'a fait que rééditer des banalités qui avaient déjà traîné dans nombre de journaux de second ordre ou défrayé l'éloquence d'orateurs subalternes.

En temps ordinaire, ce petit pamphlet aurait passé inaperçu. Mais, publiée au moment où divers symptômes semblaient indiquer une évolution de la politique étrangère française, annoncée avec éclat, attribuée par plusieurs reporters d'une indiscrétion calculée à l'inspiration de certaines notabilités politiques, la brochure de M. Stoffel devait forcément attirer l'attention. En Allemagne, on a applaudi à l'hostilité haineuse de l'auteur contre la Russie, tout en raillant avec dédain son espoir d'une cession à l'amiable de l'Alsace-Lorraine à la France. En Russie, où l'œuvre du colonel a été surtout connue par l'extrait du *Figaro*, elle a stupéfié l'opinion publique et causé une émotion pénible à tous les partisans de l'alliance franco-russe, c'est-à-dire à tous les patriotes. Les déclarations d'un ancien ministre des affaires étrangères, M. Barthélemy Saint-Hilaire, venant quelques jours après enchérir encore sur les tendances russophobes de M. Stoffel, l'empressement que le cabinet de M. Tirard a mis à accepter l'invitation aux conférences de Berlin, sans même se demander pourquoi ni la Russie, dont la population ouvrière dépasse le nombre des habitants de plusieurs pays invités à Berlin, ni l'Espagne, troublée à plusieurs reprises par des agitations socialistes d'un caractère si menaçant, n'avaient été comprises dans les invitations de Guillaume II, l'éclat que le gouvernement français a donné à sa délégation en lui choisissant pour chef un des hommes les plus considérables de la République : tout cela, sans parler du reste, n'a pu qu'accréditer davantage le bruit qui attribuait une origine officieuse au travail de M. Stoffel.

Sous le coup de l'émotion produite par cette publication, je me décide à rompre le long silence que je m'étais imposé depuis la mort de Katkof. Les rapports entre la France et la Russie étaient d'ailleurs sortis de la phase des discussions pour entrer dans celle de l'action. Mais le moment présent est, je crois, de ceux où le silence peut devenir plus funeste que toutes les indiscrétions. L'Europe se trouve en présence d'un grand événement : la chute du prince de Bismarck, qui pendant vingt-cinq années a joué un rôle presque dominant dans la politique étrangère de tous les pays du continent. Les circonstances dont cette chute s'est accompagnée ne laissent place à aucun doute : ce n'est pas d'un changement de personnes qu'il s'agit, mais d'un changement complet de régime. Bien aveugles ceux qui ne voient dans la dernière crise allemande qu'une question de politique intérieure ou le désir d'un jeune prince de secouer une tutelle écrasante par le poids des services rendus et de l'expérience accumulée. Non, c'est bien tout un système de politique intérieure et extérieure qui disparaît avec le renvoi de l'ancien chancelier. Le fait que le comte Herbert de Bismarck suit son père dans la retraite et que tous les ambassadeurs allemands, y compris ceux qui, comme le comte Alvensleben, n'occupent que des postes relativement secondaires, ont énergiquement refusé leur contre-seing à la nouvelle politique étrangère de Guillaume II, ce fait seul indique suffisamment que des événements sérieux se préparent.

Il serait téméraire d'affirmer que des résolutions graves sont dès maintenant arrêtées dans l'esprit de l'empereur. Mais l'inattendu est, dans ce cas, bien autrement dangereux; on ne va jamais aussi loin, disait Cromwell, que quand on ignore où l'on va. Et, après les nombreuses surprises, les sorties brusques, extravagantes auxquelles Guillaume nous a fait assister, qui peut prédire où il mènera l'Allemagne et l'Europe ? Un tempérament fougueux se manifestant par des saillies intempestives, un besoin fiévreux de mouvement et d'activité, un esprit mystique et des conceptions bizarres, des élans généreux que le moindre obstacle transforme en accès de rage, tout cela dépasse et de beaucoup la mesure d'énergie et de volonté compatible chez un souverain avec l'énorme responsabilité qui pèse sur lui, ce souverain fût-il un Hohenzollern et le peuple sur lequel il règne eût-il une aussi grande admiration pour la *Schneidigkeit* (tranchant) que le peuple prussien.

L'Europe s'était habituée au prince de Bismarck ; les coups de théâtre même auxquels il se complaisait de temps à autre ne surprenaient plus personne, tant ses procédés étaient connus, ses machinations éventées. L'ancien chancelier n'était d'ailleurs plus qu'un lion vieilli ; Alexandre III lui avait arraché ses griffes en 1887 le jour où, en inaugurant la politique des « mains libres » et de « la Russie pour les Russes », le Tsar était devenu l'arbitre de la paix du monde. M. de Bismarck se rendait parfaitement compte de la véritable situation et, après avoir en vain prodigué pendant deux ans les caresses, les menaces, les intrigues souterraines et les manœuvres corruptrices, il avait dû reconnaître que, devant la Russie inébranlable dans son attitude de sphinx, la paix était encore la meilleure sauvegarde du nouvel empire. Sachant apprécier à leur juste valeur la sincérité de l'Angleterre, la gratitude de l'Autriche, la fidélité et le courage de l'Italie, il préférait ne pas les mettre à l'épreuve.

Guillaume II, devenu son propre chancelier, aura-t-il la même prudence ? Dieu le sait !...

Le moment actuel est donc un des plus graves que l'Europe ait traversés dans ce siècle. Les ennemis de la nation allemande auraient tort de se réjouir par avance des difficultés et des dangers auxquels le successeur de Frédéric III peut exposer son pays. Située au centre de l'Europe, l'Allemagne avec ses 45 millions d'habitants est un facteur trop important de la vie civilisée pour que ses ébranlements et ses secousses n'aient pas leur contre-coup sur le reste du monde. C'est le cas pour les voisins de se rappeler le vieil adage : *Tua res agitur paries dum proximus ardet.*

Mieux vaut donc envisager la situation de l'Europe actuelle avec calme et sang-froid, se défier des illusions et éviter les démarches compromettantes. Persuadé que les dernières manifestations de certains milieux politiques français sont grosses des plus graves dangers et craignant qu'avec sa mobilité habituelle qui la fait passer sans transition d'un engouement à l'autre, l'opinion publique en France n'accepte pour des réalités indéniables les mirages les plus trompeurs, je me décide à sortir de ma réserve et à aborder en toute franchise l'épineuse question d'une entente ou, si l'on aime mieux, d'une alliance entre la Russie et la France.

Sous une forme très originale, la brochure de M. le colonel Stoffel expose un ensemble d'idées dont nous indiquerons bientôt la provenance et qui, malgré leur origine ou grâce à elle, sont devenues courantes en France dans certains cercles politiques.

Dépouillées de tous les artifices accumulés pour le besoin de la cause, voici les considérations présentées dans cette brochure. L'auteur commence par rappeler que, depuis les temps les plus reculés, les Germains ont fait des invasions dévastatrices en Gaule; la dernière, celle de 1870, s'est terminée par la mutilation du territoire national qui, resté sans défense et sans frontières, se trouve désormais à la merci de nouvelles invasions de barbares. Pour le savant militaire, la France est aujourd'hui aussi exposée que si la frontière allemande était « reportée à Compiègne, Senlis et Meaux »; d'où la nécessité de recouvrer à tout prix l'Alsace et la Lorraine pour sortir d'une situation si périlleuse. La France peut rentrer en possession de ses frontières du Rhin et des Vosges, soit par une guerre faite contre l'Allemagne, de concert avec la Russie, soit par une cession volontaire des provinces conquises, cession que l'Allemagne accorderait en voyant son existence menacée par les deux puissants voisins qui l'enserrent à l'est et à l'ouest. Pour rendre plus frappant le danger que court l'Allemagne du côté de la Russie, M. Stoffel joint à sa brochure une carte fantaisiste de ce pays auquel il donne comme limite l'Adriatique. La presqu'île des Balkans, la Grèce et l'Asie Mineure sont des possessions russes! Le colonel cite en outre quelques extraits des prédictions de Napoléon Ier sur la future extension de la Russie.

Ayant le choix entre la conquête des provinces perdues avec l'aide d'un allié si puissant et la cession à l'amiable de l'Alsace-Lorraine, le colonel Stoffel donne la préférence à la seconde solution. Cela pourrait sembler étrange de la part d'un militaire ; cependant, à la rigueur, il est admissible qu'il préfère un arrangement pacifique à une conquête glorieuse. Mais voici qui est bien plus extraordinaire : l'ancien attaché militaire français à Berlin comprend que la Prusse ne cédera pas les provinces acquises simplement pour lui être agréable et par peur de la carte effrayante de la Russie qu'il a ajoutée à sa brochure ; aussi, propose-t-il à l'Allemagne la combinaison suivante : elle cède à la France les deux pays annexés, et en échange la France entière deviendra la vassale de l'Allemagne et lui prêtera son concours militaire contre la Russie ! M. le colonel Stoffel ne dit pas si l'armée française ainsi entrée au service de l'Allemagne en recevra des subsides pour faire la guerre à la Russie, ou si le peuple français est assez riche pour payer la gloire de fournir des troupes aux Hohenzollern dans leur croisade contre les barbares cosaques !

En un mot, guerre pour guerre, le colonel Stoffel aime mieux guerroyer avec l'Allemagne contre la Russie que contre l'Allemagne avec la Russie, et cela par l'unique raison que ce dernier pays est trop fort et trop puissant !

Tout cela paraît absolument tintamarresque, et pourtant je défie de trouver dans la brochure du colonel autre chose que ce raisonnement fantaisiste. On aurait tort toutefois de n'y répondre que par le dédain : nous ignorons si M. Stoffel s'est fait le truchement de quelqu'un ou s'il parle en son nom personnel ; mais ce qui est certain c'est que la théorie de l'alliance franco-allemande préconisée par lui se retrouve en germe dans les fameux entretiens que le prince de Bismarck eut avec le comte de Saint-Vallier à Varzin en automne 1879. Seulement le chancelier ne promettait en retour aucune parcelle de l'Alsace-Lorraine et se fondait uniquement sur les principes supérieurs de la civilisation pour demander le secours de la France contre la Russie !

On étonnerait étrangement le peuple français en lui disant que le Méphistophélès de Varzin réussit à faire partager à certains hommes d'État français sa haine de la Russie, et que pendant sept ans, de 1879 à 1886, la politique étrangère française fut dirigée de Berlin dans cet esprit bismarckien (1).

Les ouvertures faites par le chancelier à M. de Saint-Vallier enthousiasmèrent tellement Gambetta qu'il entreprit dans l'automne de 1881 le voyage mystérieux dont on a tant parlé et qu'il rôda pendant quelques jours autour de Varzin, espérant être reçu par M. de Bismarck et entendre de sa bouche les mêmes bonnes paroles. Mais justement alors, le chancelier prussien s'efforçait de se rapprocher du nouvel empereur de Russie, il ne tenait pas à se compromettre avec l'homme d'État français et refusa de le recevoir.

A l'honneur des sentiments patriotiques de Gambetta, sinon de sa clairvoyance politique, nous devons ajouter qu'il comptait arracher au prince de Bismarck la cession de Metz et de la Lorraine en échange du concours de l'armée française dans la croisade contre la Russie. Gambetta unissait à une façon toute littéraire de comprendre les grandes questions internationales une profonde ignorance des conditions essentielles de la vie politique des autres peuples. Ses combinaisons si sagaces dans le domaine des intrigues parlementaires devenaient presque naïves lorsqu'elles s'appliquaient aux relations extérieures. Grâce à sa merveilleuse intuition il ne tarda pas à s'en rendre compte lui-même dès qu'il fut arrivé au quai d'Orsay ; c'est pourquoi il s'empressa si vite d'abandonner le pouvoir. Notre conviction a toujours été qu'en jouant son existence ministérielle sur la question du scrutin de liste, Gambetta ne céda qu'à un sentiment d'angoisse patriotique devant la responsabilité qu'il entrevoyait. Il préféra laisser à M. de Freycinet le soin de perdre l'Égypte pour la France.

Mais une illusion excusable chez Gambetta ne l'est pas chez le colonel Stoffel. Le premier ne connaissait guère de l'étranger que ce qu'il en apprenait par les journaux quotidiens français, tandis que le second a habité la Prusse assez longtemps pour ne pas ignorer les bases fondamentales sur lesquelles repose la souveraineté des Hohenzollern ; il devait savoir qu'un roi de Prusse préférerait perdre *dans une guerre désastreuse,* non pas seulement l'Alsace et la Lorraine, mais dix provinces allemandes plutôt que de rendre *sans combat* un seul mètre des terrains conquis ! Sans compter qu'une pareille cession équivaudrait à un aveu d'impuissance, qu'elle indiquerait un manque de vitalité dans le jeune empire germanique et serait le prodrome d'une désagrégation complète.

L'accueil dédaigneux fait par toute la presse allemande, sans en excepter celui des libéraux et des socialistes (2), aux avances du colonel Stoffel, a dû le convaincre, lui et ses inspirateurs, de l'inanité ridicule de leurs espérances.

Dans ses dépêches de 1856 (édition Poschinger), M. de Bismarck, alors ambassadeur de Prusse à la diète de Francfort, envisageait déjà la possibilité d'une alliance franco-russe. « Il ne prévoyait rien qui pût arrêter l'attraction si naturelle de ces deux puissances. Empêcher par tous les moyens cet accord devait être le but principal de la Prusse. » Dans un ouvrage officieux : *Bismarck und Russland,* publié en 1887 sous l'inspiration directe du chancelier, ce dernier rappelle ses dépêches de 1856 et ajoute dédaigneusement *« qu'il avait émis cette opinion sans avoir mesuré toute l'étendue de la bêtise humaine.* Napoléon III avait commis la faute immense d'entamer une campagne diplomatique contre la Russie en faveur de la Pologne. *Cette campagne était le don de joyeux avènement que la chance lui avait accordé au moment de sa nomination comme président du conseil des ministres en Prusse.* Le don est tombé dans des mains qui savaient l'apprécier et l'utiliser. *Les guerres de 1864, 1866 et* 1870 *en sont des témoignages.* » (Page 246, *Bismarck und Russland.* Berlin.)

En parlant de l' « étendue immense de la bêtise humaine » qui a empêché l'alliance si naturelle de la France et de la Russie, M. de Bismarck ne pensait qu'aux fautes commises par Napoléon III. Hélas! cette funeste « bêtise » dure depuis des siècles, et les dernières manifestations du colonel Stoffel, et d'autres encore, prouvent que, pour la plus grande gloire du roi de Prusse, elle est bien loin d'être épuisée, même en 1890. On dirait qu'il y a un véritable sort jeté entre la Russie et la France. A mainte reprise, les souverains ou les hommes d'État ont essayé de s'entendre, pénétrés de la conformité d'intérêts qui existe entre leurs deux pays et sentant que l'union des deux peuples les rendrait forcément les maîtres du monde : chaque fois, au dernier moment, des subalternes, de simples cuistres ou des traîtres, ont réussi à faire échouer toutes ces tentatives.

Ce sont les souverains russes, véritables représentants des grands intérêts permanents de leurs peuples, qui le plus souvent ont pris l'initiative d'un rapprochement avec la France. Déjà sous Ivan IV, un parent du Tsar, le prince Kourbski, lui écrivait : « Fais alliance, non pas avec le voisin, *mais avec ce qui est au delà de lui.* » Les démarches faites dans ce sens par Pierre le Grand(3), par l'impératrice Élisabeth, par Catherine II, par Paul Ier, sont assez connues. Mais nous croyons utile d'attirer l'attention sur les tentatives de ce genre dont l'initiative appartient à Napoléon Ier, et que les recherches toutes récentes d'un éminent historien russe, le général Schilder, ont mises particulièrement en relief. M. le colonel Stoffel s'étend avec une complaisance marquée sur les paroles de Napoléon Ier prédisant la future grandeur de la Russie et, par un raisonnement dont le mécanisme nous échappe, il voit dans l'accomplissement de cette prophétie une raison pour que la France évite de s'allier avec elle ! Napoléon Ier n'attendit pas d'être prisonnier à Sainte-Hélène pour prévoir la puissance future de la Russie : dans ses entrevues avec Alexandre Ier à Tilsitt, il lui proposa le partage du monde entre la Russie et la France. A la première l'Orient, à la seconde l'Occident. Ébloui et comme fasciné par le génie puissant de Napoléon, le Tsar accepta très franchement l'alliance proposée. *Malheureusement, les accords personnels et secrets entre les deux empereurs n'avaient pas été formulés par écrit; aussi, nonobstant la sincérité des parties contractantes et leur ferme désir d'en assurer l'exécution, ces conventions furent peu après réduites à rien par les intrigues de leurs ennemis et surtout par les fautes, les inepties et les trahisons de leurs propres diplomates.* (Ne dirait-on pas l'histoire d'aujourd'hui?) Quelques années plus tard, les deux monarques, qui à Tilsitt s'étaient partagé la domination du monde, se voyaient aux prises dans une lutte à mort. Napoléon devenait le captif de Sainte-Hélène, et la Prusse, presque effacée en 1807 de la carte de l'Europe, reprenait son rang de grande puissance.

Le grand enseignement des récentes découvertes historiques dont nous venons de parler se trouve justement dans la preuve que les plans gigantesques des deux empereurs échouèrent en grande partie grâce *au déplorable choix de leurs représentants diplomatiques :* le comte Tolstoï à Paris, Savary et Caulaincourt à Pétersbourg.

Le premier, foncièrement hostile à l' « usurpateur », était opposé à toute alliance avec la France. A chaque ouverture faite par Napoléon sur l'exécution du pacte secret de Tilsitt, alors même que l'empereur français allait jusqu'à offrir les principautés Danubiennes et Constantinople, le comte Tolstoï répondait par l'éternel refrain qu'Alexandre Ier ne désirait pour son pays aucune extension de territoire, que son seul souci était le bonheur du couple royal de Prusse et l'évacuation des provinces prussiennes par les troupes françaises ! Ajoutons que ce langage était en contradiction formelle avec les instructions données à l'ambassadeur russe par son souverain.

D'autre part, Napoléon eut la main aussi malheureuse que possible en se faisant représenter auprès du Tsar par des personnages tels que Savary et Caulaincourt, compromis tous deux dans l'exécution du duc d'Enghien. Circonstance aggravante, le premier était *un civil, ce qui a toujours été un défaut capital pour un ambassadeur français à Pétersbourg*. Quant à Caulaincourt, son arrogance et sa grossièreté ne tardèrent pas à le rendre odieux à toute la société pétersbourgeoise (4).

Et voilà pourquoi de 1812 à 1813 l'Europe entière fut mise à feu et à sang !

L'histoire, hélas ! est un éternel recommencement, et l'expérience ne profite pas plus aux nations qu'aux individus. En jetant un rapide coup d'œil sur les rapports de la France et de la Russie pendant les vingt dernières années, nous retrouverons toujours cette « bêtise humaine » que M. de Bismarck exalte... chez ses adversaires.

II

LES RAPPORTS DE LA FRANCE ET DE LA RUSSIE
DEPUIS 1870.

M. le colonel Stoffel affirme qu'au début de la guerre de 1870 la Russie était liée à la Prusse par un traité garantissant à celle-ci l'intégrité de son territoire. Ce traité est de pure invention et n'a jamais existé (5). La vérité est qu'à la nouvelle de la déclaration de guerre faite par la France, indigné de la façon insensée dont Napoléon III et ses conseillers au cœur léger avaient provoqué les hostilités, Alexandre II télégraphia à son oncle Guillaume la promesse formelle de rester neutre, quelle que dût être l'issue de la lutte. Engagement fatal, pris dans une heure d'entraînement, et qui depuis a lourdement pesé sur les décisions de la Russie. Le prince Gortchakoff se trouvait à Lausanne au moment où la guerre fut déclarée; il revint en toute hâte à Pétersbourg, mais arriva trop tard pour pallier l'effet d'une démarche qu'il déplorait. Le petit groupe de politiciens français qui rêve un accord avec l'Allemagne ne manque jamais de mettre en avant la neutralité de la Russie au cours de la dernière guerre comme un argument sans réplique contre l'alliance franco-russe. M. le colonel Stoffel nous apprend avec indignation qu'à deux lettres « pleines d'un patriotisme élevé » que l'impératrice Eugénie écrivit à l'empereur Alexandre, elle reçut des réponses « qui n'étaient qu'une fin de non-recevoir polie, dont la lecture est navrante ». Sans manquer aux égards dus à l'infortune, surtout quand elle atteint une femme, on doit pourtant reconnaître que l'impératrice Eugénie aurait mieux employé son « patriotisme élevé » en ne provoquant pas si légèrement *sa guerre*...

Mais, puisque cette neutralité de 1870 est la *tarte à la crème* de toutes les polémiques antirusses, il peut n'être pas inutile de s'expliquer une fois pour toutes à ce sujet. Qu'est-ce donc qui autorisait la France à compter sur le concours de la Russie en 1870 ? Est-ce la guerre de Crimée, c'est-à-dire la destruction de notre vaillante flotte de la mer Noire et le bombardement de Sébastopol ? Est-ce le traité de Paris, qui nous interdisait à jamais l'espoir de devenir une puissance maritime et nous fermait le détroit des Dardanelles ? Sont-ce les encouragements prodigués par la France à l'insurrection polonaise de 1863, et les tentatives de Napoléon III pour organiser contre nous une coalition européenne ? Sont-ce, enfin, les insultes et les balles dont notre Tsar a été gratifié en 1867, pendant son séjour à Paris, qui donnaient lieu à l'impératrice Eugénie d'espérer l'intervention armée de la Russie ?

Ce n'est pas sans tristesse que nous remuons ces pénibles souvenirs, mais il est temps pour les hommes politiques français de renoncer aux lamentations sentimentales et de traiter sérieusement des choses aussi terriblement sérieuses que les questions d'alliance, d'où dépend l'avenir de la patrie.

Certes, les Russes peuvent regretter la neutralité de leur pays en 1870, mais cela purement et simplement au point de vue de leurs *intérêts nationaux*. Encore faudrait-il préciser quelle fut, à cette époque, la faute de la diplomatie. La Russie ne pouvait ni empêcher Napoléon III de déclarer follement la guerre, ni s'opposer aux victoires de la Prusse. Avant l'ouverture des hostilités elle ne négligea rien pour amener un arrangement amiable du différend espagnol et, d'accord avec l'Autriche, elle proposa une déclaration des neutres : quelle que fût l'issue de la guerre, les puissances neutres ne permettraient aux *deux adversaires* aucune annexion de territoire. Comme le raconte sir Charles

Dilke (6), ce projet échoua par le refus de l'Angleterre do s'associer à cette déclaration. L'Angleterre ne voyait pas sans plaisir sa rivale séculaire s'engager dans une aventure dont le résultat désastreux ne faisait doute pour personne!

Accuser la Russie d'avoir mis obstacle à une intervention autrichienne en faveur de la France est souverainement injuste, et cela par la simple raison que l'Autriche n'avait ni l'intention ni le moyen d'intervenir. Du reste, Napoléon III n'aurait jamais dû se faire illusion sur le secours qu'il pouvait attendre de ce côté. Déjà en 1867 le comte Andrassy lui avait fait à Paris cette déclaration très nette : « Sire, je sais qu'on vous entretient d'un traité d'alliance avec l'Autriche contre la Prusse ; jamais un pareil traité ne se réalisera. D'ailleurs, un traité n'a de valeur que s'il est *exécutable; or, je vous le déclare catégoriquement, jamais la Hongrie ne permettra à l'Autriche d'entrer en guerre contre la Prusse.* » C'était assez clair, et la Russie n'avait nul besoin d'arrêter l'Autriche. Dès le début de la guerre, le comte Andrassy a tenu sa promesse en arrachant à la Chambre de Budapest la fameuse déclaration de neutralité.

Peut-être la Russie aurait-elle pu opposer un *veto* plus efficace à l'annexion du territoire français, et elle l'eût tenté à coup sûr sans la fatale promesse de neutralité *dans tous les cas* donnée par Alexandre II; mais quand on voit en France certains politiciens mendier l'alliance allemande pendant qu'une partie de leur pays se trouve sous la botte des soldats prussiens, on doit se demander si, en agissant de la sorte, la Russie n'aurait pas travaillé contre ses propres intérêts. Nos hommes d'État ont-ils prévu, il y a vingt ans, qu'un jour viendrait où, malgré l'abîme creusé entre l'Allemagne et la France par les souvenirs de l'Année terrible et l'annexion de l'Alsace-Lorraine, il se trouverait à la tête du gouvernement français un parti politique disposé à se mettre au service de l'empereur d'Allemagne pour une croisade contre la Russie? En ce cas, ils auraient eu certainement le plus grand tort de prêter leur appui à la France... Les tendances des inspirateurs du colonel Stoffel seraient la meilleure justification de l'attitude de la Russie en 1870...

Lorsque le prince de Bismarck affirmait au comte de Saint-Vallier (7) qu'en 1871 il avait désapprouvé l'annexion de Metz et de la Lorraine, ces paroles étaient en contradiction flagrante avec la réalité des faits. Comme les autres conseillers de Guillaume Ier,

Bismarck comprenait très bien que la France, nation fière et guerrière, ne resterait pas sous le coup des défaites subies, et que tôt ou tard elle chercherait à prendre sa revanche. L'Allemagne avait donc un intérêt évident à rendre sa frontière aussi forte que possible, de façon à s'assurer toutes les chances de succès dans la prochaine guerre. « La possession de Metz vaut 100,000 hommes, » déclara Moltke : c'en fut assez pour qu'on fît de l'annexion de cette place une condition *sine qua non* de la conclusion de la paix.

Sans doute, si le prince de Bismarck avait alors prévu quels seraient les effets moraux de l'introduction du service militaire universel en France; surtout s'il avait deviné que le pays resterait vingt ans en république et serait gouverné durant une longue période par le parti opportuniste... il aurait pris beaucoup moins de précautions contre un réveil possible de l'ancienne France...

La vraie faute commise par la diplomatie russe en 1870, c'est de n'avoir pas profité du désarroi général dans lequel se trouvait alors l'Europe pour déchirer entièrement le traité de Paris et s'assurer la possession des détroits. La neutralité une fois promise, il fallait au moins en encaisser le prix. Au lieu de cela, les diplomates russes se contentaient de modifier sur quelques points insignifiants les stipulations de 1856 et réussirent par leur modestie malheureuse à étonner le prince de Bismarck lui-même, qui pourtant les tenait en assez mince estime. Dans ses conversations avec l'ambassadeur anglais, Odo Russell, et avec son entourage, il ne cacha pas la stupéfaction que lui causait l'impardonnable modestie des exigences du prince Gortchakoff (8).

La Russie pouvait encore s'opposer à l'absorption de toute l'Allemagne par la Prusse et à la formation d'un puissant empire sur sa frontière. Cette attitude, parfaitement conciliable, du reste, avec l'engagement de neutralité pris par Alexandre II, aurait assurément rencontré l'adhésion de l'Autriche et de bien des souverains allemands.

Aussi, quand en 1875, la Russie se retrouva dans une situation analogue à celle de 1870, quand elle eut acquis la conviction que le prince de Bismarck, inquiet du rapide relèvement de la France, préparait une nouvelle invasion, ni Alexandre II, ni ses conseillers n'hésitèrent une minute à signifier le *veto* qui étouffa dans l'œuf les velléités belliqueuses de Berlin (9).

Quelle était à ce moment la manière d'être du gouvernement français à l'égard de la Russie ? La France avait alors le bonheur de posséder à la tête des affaires étrangères un homme d'État d'une haute valeur, le duc Decazes, qui comprenait les véritables traditions de la grande politique française (10). Et, pour surcroît de chance, le maréchal de Mac-Mahon pouvait encore, conformément aux vrais intérêts du pays, maintenir le ministre des affaires étrangères en dehors des compétitions parlementaires. C'est dire que les relations de la France officielle avec la Russie étaient des plus correctes. Reconnaissante du service rendu, la diplomatie du quai d'Orsay, tout en conservant la réserve et la dignité que lui commandait la situation générale de l'Europe, cherchait discrètement à raffermir les bons rapports avec le cabinet de Saint-Pétersbourg. L'opposition d'alors, incarnée dans la personne de Gambetta, avait adopté une attitude moins nette. Au lendemain de la guerre de 1870, Gambetta avait, pour ainsi dire, senti d'instinct que la raison politique exigeait un rapprochement avec la Russie, et son zèle pour l'alliance franco-russe se manifestait même d'une façon un peu trop bruyante. Mais bientôt, sous diverses influences toutes personnelles, d'ailleurs, qu'il serait inutile de signaler ici, il devint tout à coup l'adversaire irréconciliable de la nation qui, peu auparavant, venait d'épargner à la France une invasion et une guerre désastreuse. Au cours des complications orientales que le prince de Bismarck suscita pour se venger de son échec de 1875, puis pendant la guerre russo-turque qui en fut la conséquence, le gouvernement russe n'eut pas d'adversaires plus acharnés que les opportunistes et leur chef. La rancune de M. de Bismarck s'était rencontrée avec l'animosité de Gambetta. Après la chute du duc Decazes et l'arrivée des opportunistes aux affaires, la France officielle commença, elle aussi, à témoigner des dispositions hostiles à la Russie.

Nous ne voulons pas insister outre mesure sur cette attitude des républicains français depuis leur avènement au pouvoir. Mais au moment où certaines voix accusent la Russie de manquer de franchise dans ses relations avec la France, nous croyons utile de rappeler *grosso modo* quelques incidents qui montrent trop bien comment plusieurs ministères de la République ont répondu aux avances de la Russie. C'est sans hésitation aucune que nous écrivons ici le mot « avances ». De la part d'une nation puissante dont l'amitié et l'alliance sont recherchées par ceux-là mêmes qui paraissent dominer la situation politique du monde, il y a une certaine grandeur à dédaigner les coquetteries des vainqueurs et à faire des avances aux vaincus, aux menacés !

Lorsque s'ouvrit le congrès de Berlin, la France, pour obéir à ses intérêts, n'avait le choix qu'entre deux lignes de conduite : ou décliner toute participation à un congrès qui devait enlever à la Russie le fruit de ses sacrifices et de ses victoires pour en doter des puissances restées étrangères à la lutte ; ou, si les gouvernants du moment ne se sentaient pas le courage d'adopter une attitude aussi nette, aussi conforme aux fières traditions françaises, envoyer à Berlin des délégués notoirement favorables à la Russie et munis d'instructions leur enjoignant de se mettre carrément de son côté. L'abstention se justifiait par une excellente raison : le cabinet de Paris n'avait qu'à rappeler qu'en 1871 aucune puissance n'avait songé à réunir un congrès pour reviser le traité de Francfort et en faire disparaître tout ce qu'il contenait de trop humiliant pour le vaincu, de dangereux pour l'équilibre européen et d'attentatoire aux stipulations de 1815 qui réglaient les rapports des souverains de l'Allemagne entre eux. L'intégrité de la France valait bien pour l'Europe celle de la Turquie ; du moment que l'Europe avait assisté sans sourciller à la mutilation du territoire français, la France n'avait pas lieu de se mettre à la remorque d'une ennemie implacable et de l'aider à dépouiller la Russie du fruit de ses victoires.

Chose triste à dire, il ne se trouva dans tout le monde politique républicain qu'une seule personne pour conseiller cette attitude aussi fière que sage, Mme Adam ! Maintes fois, il est vrai, la directrice de la *Nouvelle Revue* a montré un plus grand sens de la politique étrangère que les innombrables ministres qui depuis une douzaine d'années se sont succédé au quai d'Orsay.

La France préféra prendre part au congrès de Berlin et, comme il s'agissait, dans le cas donné, d'un litige entre la Russie et l'Angleterre, elle mit à la tête de sa mission un Anglais pur sang, M. Waddington. Ce choix était des plus malheureux. Aussi chaque fois que le prince de Bismarck voulait défendre quelque proposition particulièrement désavantageuse pour la Russie, il la faisait soutenir au sein du congrès par le représentant de la France !

Ainsi avorta la tentative de rapprochement entre les deux pays si habilement entreprise en 1876, aux conférences de Constantinople par le comte de Chaudordy et le général Ignatieff.

C'est au congrès de Berlin, — est-il nécessaire de le rappeler ?

— que l'astucieux chancelier lança la France dans ces deux belles aventures du Tonkin et de la Tunisie dont la première lui valut, outre le choléra, la haine de la Chine, tandis que la seconde eut directement ou indirectement pour conséquences le misogallisme de l'Italie et la perte de l'Égypte...

En 1879, les relations de la Russie avec les deux empires voisins se tendent à un tel point que Berlin commence à s'inquiéter sérieusement de la possibilité d'une entente franco-russe : c'est à ce moment que le gouvernement français abandonne entièrement à M. de Bismarck la direction de sa politique étrangère et que, par une lumineuse inspiration, Gambetta se décide à faire des avances à l'Autriche en lui envoyant comme ambassadeur M. Teisserenc de Bort, dont les « distractions » ne tardent pas à devenir légendaires ! Ce diplomate assiste impassible à la conclusion de l'alliance austro-allemande, et se trouve très flatté que le prince de Bismarck daigne venir chez lui le rassurer sur les suites de ce pacte pour la France !

Et qu'on ne dise pas que le gouvernement français ignorait alors la véritable portée du conflit qui menaçait d'éclater entre la Russie et ses anciens alliés, ou qu'il avait des doutes sur la puissance militaire de la Russie. Nullement. Dans la fameuse scène de séduction jouée par le prince de Bismarck à Varzin devant le comte de Saint-Vallier, le chancelier représentait les forces russes massées sur la frontière allemande comme tellement formidables, qu'à Berlin on se croyait tout à fait sans défense contre une invasion de la cavalerie russe. (Soit dit entre parenthèses, M. de Bismarck exagérait énormément pour les besoins de la cause.)

Quelque temps après, M. Waddington, interviewé par un rédacteur de l'*Événement* (11), lui disait que si la Prusse et l'Autriche n'avaient pas déclaré la guerre à la Russie, c'était uniquement pas crainte d'une alliance franco-russe ! Quand on a cette conviction, à moins d'être un archéologue et non un diplomate chargé des intérêts les plus vitaux de son pays, on en conclut nécessairement qu'il est urgent de se rapprocher de la Russie, 'ant pour garantir le maintien de la paix, que pour rendre à la France la haute situation dont les événements de 1870-1871 l'ont fait déchoir. Mais M. Waddington, qui est archéologue, se déclare, dans le même entretien, l'adversaire résolu d'une entente franco-russe. Il est vrai qu'il ajoute : « M. de Bismarck n'ignore pas que j'ai toujours été opposé à un traité entre la France et la Russie. Le prince Orloff et le prince Gortchakoff ne l'ignorent pas davantage... Mon prédécesseur, le duc Decazes, pensait autrement. Il était, lui, partisan d'une alliance russe... *Chaque ministre des affaires étrangères a ses vues particulières* (!) tout en servant une politique nationale qui ne peut guère varier (12) (! !) »

Voit-on cette politique qui, à chaque changement de personne au ministère des affaires étrangères, c'est-à-dire tous les six ou huit mois, change de système, est tantôt hostile à la Russie et favorable à l'Angleterre, tantôt hostile à celle-ci et favorable à celle-là, et qui reste *toujours nationale et ne peut guère varier!*

Quelques années après, a lieu le couronnement de l'empereur Alexandre III ; de nouveaux froissements s'étaient produits entre la Russie et les deux empires voisins. Il s'agissait alors pour la France de se faire représenter avec éclat aux fêtes de Moscou où s'était conservé encore le souvenir du luxe fastueux déployé par le duc de Morny dans une occasion semblable. Le choix de l'envoyé extraordinaire français avait une importance qui n'échappait point à Gambetta ; il faisait dire par ses journaux que la République s'honorerait en confiant cette mission au duc d'Aumale, et il finit par en investir — qui ?... M. Waddington, l'homme du congrès de Berlin.

Peut-on réellement en vouloir à la Russie si, quelque six mois après, elle commença à prêter l'oreille aux avances renouvelées de l'Allemagne (cette dernière, disons-le en passant, s'était fait représenter au couronnement par le Kronprinz) et si elle entama des négociations qui aboutirent au traité de Skierniévice ? Encore fallait-il, pour faire pencher la balance, l'impression fâcheuse produite à Pétersbourg par les insultes dont le roi d'Espagne avait été l'objet dans les rues de Paris.

Par le premier paragraphe de ce fameux traité de Skierniévice, les trois puissances contractantes s'engageaient à observer une neutralité bienveillante dans le cas où l'une d'elles se trouverait en guerre avec une quatrième puissance. Dans le projet primitif rédigé par le prince de Bismarck et accepté par M. de Giers, à ce paragraphe était jointe une note additionnelle disant que cet engagement restait valable même si *deux* des puissances contractantes se trouvaient en guerre contre une quatrième, c'est-à-dire que la Russie aurait été obligée de garder la neutralité lors même que l'Allemagne et l'Autriche eussent déclaré *ensemble* la guerre à la France. Par bonheur, cette clause n'obtint pas l'adhésion d'Alexandre : il déclara noblement qu'il ne voulait pas permettre que dans un duel avec la France l'Allemagne disposât de deux épées contre une.

Ce fait, tout à l'honneur du caractère chevaleresque de notre Tsar, est encore intéressant à un autre point de vue. Pendant sa visite à M. Teisserenc de Bort et dans sa conversation avec le comte de Saint-Vallier, M. de Bismarck affirmait hautement que la France n'était pas du tout menacée par l'alliance austro-allemande, celle-ci ne visant que la Russie. Or, si cela était vrai, M. de Bismarck aurait-il tant insisté pour l'adoption de la note additionnelle qui n'avait de portée que si l'Autriche prenait part à une coalition effective contre la France? C'est même à cause de cette insistance que le traité signé au mois de mars 1884, et qui devait être ratifié quinze jours après, ne le fut qu'au mois de juillet à Skiernievice. Nous raconterons plus loin comment en 1887 le prince de Bismarck voulait profiter de ce retard pour forcer la Russie à garder la neutralité, s'il avait réussi à faire sortir un *casus belli* de l'incident de Schnæbelé. M. de Bismarck était encore en contradiction flagrante avec la vérité quand il assurait au comte de Saint-Vallier qu'aucun traité n'était signé avec l'Autriche, qu'il ne s'agissait que d'une simple protocole, et qu'il avait été communiqué à la Russie. C'est cette communication qui l'aurait décidé à renoncer à ses projets belliqueux! Or, on sait que la Russie ne connut le texte des conventions austro-allemandes qu'au commencement de 1888, par leur publication dans les journaux officieux de Berlin et de Vienne. Il s'agissait bien d'un véritable traité et non d'un accord verbal consigné dans un rapport (13).

Toutes les autres assurances données au comte de Saint-Vallier étaient aussi vraies que celle-ci. Et pourtant, de 1879 à 1886, les ministres des affaires étrangères en France acceptèrent ces affirmations du chancelier comme paroles d'Évangile, et aujourd'hui encore un certain groupe de politiciens continue à ne jurer que par lui !

La Russie liée par le traité de Skiernievice, la France marchait dans la voie que son ennemi lui avait tracée dès l'automne de 1879, et d'ailleurs, lancée dans de déplorables aventures coloniales, l'Autriche et l'Italie ayant complètement abandonné à la chancellerie berlinoise la direction de leur politique extérieure, rien en Europe ne gênait les coudées du prince de Bismarck. S'étant assuré, en cas de guerre contre la France, la neutralité bienveillante de la Russie, la coopération effective de l'Autriche et de l'Italie, les sympathies de l'Angleterre, dont il avait encouragé les projets sur l'Égypte, le chancelier pouvait en toute sécurité poursuivre l'exécution de ses plans ambitieux et, au besoin, choisir le moment propice pour porter à la France le coup décisif. Avant tout, il s'agissait pour lui de pousser de plus en plus l'Autriche dans les Balkans, entreprise devenue facile par le malheureux traité de Skierniévice qui n'avait d'autre but que de lier les mains à la Russie pour faire passer la péninsule balkanique sous la domination austro-allemande.

L'entente franco-russe paraissait encore une fois renvoyée aux calendes grecques. La « bêtise humaine » était de nouveau venue en aide au chancelier. Du reste, ce dernier, loin de s'endormir sur ses succès, veillait avec le plus grand soin à ce que rien ne dérangeât l'état de choses établi. L'ambassadeur de Russie en France, le prince Orloff, sur l'amitié duquel il pouvait compter autrefois d'une manière absolue (voir ses lettres au comte d'Arnim), par suite de son long séjour à Paris commençait à éprouver de justes sympathies françaises; chose plus grave, il devenait accessible à certaines influences qui le travaillaient dans le sens d'un rapprochement entre la France et la Russie : vite, M. de Bismarck réclame son rappel et, après avoir obtenu sa nomination à Berlin, fait envoyer à Paris le baron de Mohrenheim dont le dévouement, et pour cause, lui était acquis sans réserve. Le général Appert avait su se concilier les bonnes grâces de la cour et de la haute société pétersbourgeoise : sur la demande de M. de Bismarck, cet ambassadeur français, qui réussissait trop bien au gré de l'Allemagne, est rappelé par son gouvernement, et cela dans des conditions tellement inusitées, tellement contraires aux plus simples convenances internationales, que le Tsar rappelle lui-même son ambassadeur de Paris et refuse d'accepter aucun nouveau ministre français à Pétersbourg ! Le baron de Mohrenheim, dont les agissements suspects ont tant contribué à amener la crise, va trouver M. de Bismarck à Kissingen, — cette Mecque des diplomates russes en quête d'avancement, — et le prince-chancelier, en reconnaissance de ses services, lui promet que, si jamais les relations se rétablissent entre Pétersbourg et Paris, il lui fera rendre le poste d'ambassadeur auprès de la France. L'événement a prouvé que ce n'était pas là une promesse vaine. (Me trouvant à Pétersbourg en octobre 1886, lors de la reprise des relations, j'exprimai à plusieurs fortes têtes du ministère des affaires étrangères mon profond étonnement de voir M. de Mohrenheim revenir à Paris dans un moment où on désirait enfin améliorer sérieusement les rapports entre les deux cabinets. « Que voulez-vous? me répondit-on avec une candeur devant laquelle je fus presque désarmé, nous savons que cette nomination est déplorable, mais M. de Bismarck l'exige absolument! »)

Tout allait donc pour le mieux dans le meilleur des mondes politiques ; le prince de Bismarck n'était pas seulement le chancelier de l'Allemagne, mais, comme un véritable ministre international, il dirigeait, de Varzin en hiver et de Kissingen en été, les affaires étrangères de tous les pays du continent. Soudain, en août 1886, se produit à Sofia un coup de théâtre : le prince de Battenberg, devenu un simple préfet de l'Autriche, est enlevé par quelques officiers patriotes et expédié en Russie comme un vulgaire colis. M. de Giers le fait remettre en liberté. Mais quand le prince de Battenberg rentre en Bulgarie et, sur le conseil d'un sous-ordre de la diplomatie russe, envoie à Alexandre III un télégramme de plates excuses, il reçoit cette célèbre réponse, rédigée tout entière par la main de l'empereur, et qui a éclaté comme un coup de foudre sur toute l'Europe. Dédaignant les excuses et les promesses du prince de Battenberg, l'empereur l'invitait à quitter la Bulgarie où sa présence ne pouvait que nuire au pays. M. de Bismarck fut le premier à saisir la haute portée de cette intervention directe d'Alexandre III. Il sentit chanceler tout son édifice, il comprit que la Russie, lasse d'être depuis si longtemps trompée par lui, aspirait à reprendre sa liberté d'action. Le doute, d'ailleurs, ne lui était pas possible : quelques jours auparavant (le 19 juillet) l'illustre patriote russe Katkof venait de publier dans la *Gazette de Moscou* un de ces leaders retentissants qui étaient de véritables événements historiques et dans lequel il annonçait nettement cette volte-face de la politique russe (14).

Pour la première fois peut-être, dans sa longue et brillante carrière, le chancelier perdit la tête. Sentant son édifice artificiel crouler sous ses pieds, il commença par lâcher complètement le Battenberg. Il accourut à Franzensbad où se trouvait M. de Giers et chercha avec lui les moyens de conjurer l'orage. Pour détourner l'attention publique en Allemagne, il fit répéter sur tous les tons dans ses journaux que la Russie avait parfaitement raison de châtier un traître ; qu'il n'aurait garde de s'aliéner son puissant voisin et de se jeter dans les bras de la France pour le plaisir d'un « ancien lieutenant prussien » ; tout cela entremêlé de violentes attaques contre la presse libérale allemande, ennemie du *Reich*, bien que celle-ci ne fût pour rien dans l'insuccès subi par la politique du prince de Bismarck.

Cet échec fut décisif dans la carrière de l'illustre homme d'État : il ouvrit la série des fausses démarches, des nombreux mécomptes qui aboutirent au fiasco final du système bismarckien. « *Es gelingt nichts mehr !* (Rien ne réussit plus), » disaient les Allemands stupéfaits des fautes continuelles que commettait leur grand homme, et ils avaient raison.

Un nouveau facteur venait de faire son entrée dans la politique européenne : c'était la volonté ferme de l'empereur Alexandre III de diriger dorénavant lui-même les relations extérieures de son pays. Dans les conditions données, cette direction ne pouvait être que franche, loyale et vraiment nationale. Secondé par les conseils clairvoyants du grand homme d'État et patriote Katkof, Alexandre III inaugura la politique des « mains libres » qui bientôt le rendit l'arbitre de la paix du monde. Le duel épique qui s'engagea alors entre le prince de Bismarck disposant d'immenses ressources, ayant à son service la presse reptilienne, aidé sous main par M. de Giers, M. de Mohrenheim, et d'autres diplomates russes, et Katkof, simple journaliste, qui ne disposait que de sa plume ; — ce duel se termina par le triomphe complet du directeur de la *Gazette de Moscou*. La mort même de Katkof succombant aux fatigues d'un travail excessif et aux calomnies empoisonnées d'adversaires sans scrupules, ne réussit pas à modifier le résultat du combat. Si le peuple allemand assiste aujourd'hui avec une sorte d'indifférence à ce spectacle douloureux de son plus grand homme d'État, après une vie vouée tout entière au service de la patrie, congédié par un souverain ingrat et présomptueux, c'est que la popularité est en raison directe du succès et que, depuis l'hiver de 1886-1887, le chancelier n'a fait qu'essuyer échecs sur échecs.

Voici ce que j'écrivais de Paris à la *Gazette de Moscou* à la date du 19 septembre 1886 sur le changement produit dans la politique générale de l'Europe par l'attitude d'Alexandre III vis-à-vis de la Bulgarie : « Un grand changement vient de s'accomplir, sinon dans le groupement définitif des puissances, du moins dans leurs rapports réciproques. Le centre de gravité de la politique européenne a été tout d'un coup transporté au nord-est, la direction de la politique universelle a changé de mains. Ceux qui jusqu'à présent passaient pour les maîtres des destinées de l'Europe sont rejetés au second plan et réduits presque à l'état de satellites dans un système où ils étaient naguère des soleils. Le changement s'est opéré d'une manière pacifique, sans effusion de sang, sans coups de canon, sans conférence de diplomates. Il s'est effectué presque tout seul, simplement, parce qu'en face d'une conflagration générale imminente, les hommes d'État européens ont senti le besoin de rentrer en eux-mêmes, de passer en revue leurs forces, de mesurer celles de leurs adversaires, et de faire cesser l'incorrection introduite dans les rapports diplomatiques par l'arrogance provocatrice des uns et l'effacement non motivé des autres. Cela a suffi pour que la vérité, qui sautait aux yeux de tous, en dehors des diplomates volontairement aveugles, devînt subitement évident à tout le monde, et si l'on a pu s'étonner de quelque chose, c'est de l'aveuglement qui régnait jusqu'alors. Cette vérité, c'est que, depuis la guerre franco-allemande, la Russie possède une situation prépondérante en Europe, que de sa décision dépend la paix ou la guerre, et que le traité de Francfort ne conservera de valeur qu'aussi longtemps que la Russie le voudra. Cette vérité, Bismarck la connaissait depuis longtemps. Mais il espérait non sans raison la masquer devant les parties intéressées, à l'aide de finesses diplomatiques et d'un jeu de bascule savamment appliqué aux alliances. C'est ainsi qu'on le voyait aujourd'hui renouvelant la ligue des trois empereurs et le lendemain cajolant le marquis de Salisbury, abusant M. Ferry par le mirage d'un rapprochement franco-prussien et donnant sous main à lord Rosebery le conseil de proclamer le protectorat anglais en Égypte, encourageant la France à envoyer ses meilleures forces au Tonkin et fournissant en même temps aux Célestes des instructeurs militaires, des armes perfectionnées et des cuirassés; aujourd'hui provoquant une réunion des trois empereurs et le lendemain poussant le Battenberg à une révolte ouverte contre la Russie. Cette politique ne pouvait pas durer éternellement. Un seul coup de foudre a suffi pour dissiper les nuages qui obscurcissaient l'horizon... La Russie n'a eu qu'à dire : « Je ne veux plus être « trompée, » pour mettre fin à l'indigne comédie qui n'a duré que trop longtemps... »

La première conséquence de la volte-face politique opérée

par la Russie dans l'automne de 1886 fut l'ordre de l'empereur de reprendre les relations diplomatiques avec le cabinet de Paris (15). On espérait alors à Pétersbourg que la France s'y ferait représenter par un des trois militaires particulièrement bien vus à la Cour et plusieurs fois désignés durant les pourparlers. Grand fut donc le désappointement causé par le choix de M. de Laboulaye. Cette impression, hâtons-nous de le dire, n'avait rien de désobligeant pour la personne du nouvel ambassadeur. Loin de là ; M. de Laboulaye, ayant rempli précédemment à Pétersbourg les fonctions de secrétaire d'ambassade, y avait laissé les meilleurs souvenirs. Néanmoins, sa nomination à ce moment-là fut une grave faute, dont les relations des deux pays n'ont pas cessé de se ressentir depuis lors. Je l'appris de la bouche de Katkoff qui allait quitter Pétersbourg et je n'oublierai jamais de quel air navré il m'annonça cette nouvelle. Les négociations destinées à établir les bases des relations nouvelles entre les deux pays avaient à Pétersbourg leur centre naturellement indiqué, et cela pour de nombreuses raisons faciles à saisir. Nous ne voulons en signaler qu'une. La diplomatie russe est composée des éléments les plus hétérogènes, parmi lesquels l'élément russe est entièrement effacé. On y trouve des transfuges des pays les plus divers, quelques-uns venus du dehors, la plupart fixés en Russie depuis plusieurs générations, mais tous complètement étrangers, complètement indifférents aux intérêts nationaux et aux traditions du pays qu'ils exploitent.

Vous rencontrerez là des Polonais d'origine autrichienne hostiles à la Russie au triple titre de Polonais, d'Autrichiens et de catholiques, rêvant le rétablissement de la Pologne sous le patronage de l'Autriche, et surtout opposés à tout rapprochement entre la Russie et la France ; des Allemands des provinces Baltiques étrangers à la Russie par leur langue, leurs sympathies et leur religion, des fils de juifs polonais transformés en gentilshommes suédois, des Levantins qui ont servi et trahi tous les gouvernements...

Tous ces éléments hétérogènes ont envahi notre corps diplomatique au temps des Nesselrode, des Pozzo di Borgo et autres ; ils ont complètement démoralisé ce personnel autrefois si russe, si fier et si glorieux par les services rendus notamment sous Pierre le Grand, Élisabeth et Catherine. En vrais gardiens du sérail, ces impuissants écartent avec une jalousie féroce tout homme pénétré de vrais sentiments nationaux. Le plus souvent besogneux, ils ne voient dans leurs fonctions qu'un moyen de se procurer des titres, des décorations et de l'argent ; — quel que soit le gouvernement qui paye leur luxe ou leurs dettes, ils sont satisfaits. Et tout Russe servant sa patrie avec dévouement et désintéressement est sûr, pour cela même, de s'attirer leur inimitié.

Il était donc à prévoir que nos diplomates habitués de longue date à se prosterner devant le grand muphti de Varzin, auquel beaucoup d'entre eux devaient leur position, seraient forcément les adversaires acharnés d'un rapprochement entre la France et la Russie ; qu'ils chercheraient par tous les moyens à contrecarrer et à paralyser la volonté de l'empereur. Le gouvernement français n'ignorait pas cet état de choses, et son devoir était d'envoyer à Pétersbourg un ambassadeur possédant par lui-même assez de prestige pour devenir *persona grata* chez l'empereur et à la cour. Or, à défaut d'un diplomate de très haute envergure, d'un grand seigneur capable de se créer une situation éclatante, il fallait choisir quelque militaire sinon illustre, du moins très connu.

Pour ménager la chèvre de Berlin et le chou du Palais-Bourbon, on envoya M. de Laboulaye, — et voilà pourquoi nous pataugeons depuis deux ans, pourquoi une conflagration peut éclater du jour au lendemain, sans que les liens entre les deux pays soient irrévocablement scellés devant le danger commun...

Les incidents de l'hiver 1886-1887 sont encore trop rapprochés de nous pour qu'on puisse, sans inconvénient, lever dès aujourd'hui tous les voiles. Il nous suffira d'en esquisser en quelques traits le caractère général.

En présence de la nouvelle attitude d'Alexandre III. le prince de Bismarck ne pouvait plus douter que, la triple alliance arrivant à son terme fin mars 1887, la Russie ne renouvellerait pas ce marché de dupe. De là à entrevoir le cauchemar d'une alliance entre la France et la Russie il n'y avait qu'un pas. Ce péril était imminent. Sans parler d'autres indices, on pouvait être édifié à cet égard par le langage de la *Gazette de Moscou* et celui de la presse française qui, nous nous plaisons à le constater, montrait alors, comme si elle pressentait le danger à venir, une unanimité vraiment patriotique.

La France donnait encore à M. de Bismarck d'autres sujets d'inquiétude. La politique d'aplatissement devant l'Allemagne paraissait condamnée, M. de Freycinet était revenu à la présidence des ministres assagi par le souvenir des mécomptes qu'il avait autrefois éprouvés dans ses avances successives, tantôt à l'Angleterre, tantôt à l'Allemagne ; il semblait cette fois incliner sérieusement vers un accord avec la Russie. Le général Boulanger, le nouveau ministre de la guerre, semblait déployer une grande activité fiévreuse et cherchait l'occasion de faire parler de lui. L'adoption du fusil Lebel par l'armée, les expériences avec la mélinite, certaines tentatives pour remédier aux défectuosités de la disposition des troupes françaises à la frontière de l'Est, tout cela indiquait clairement que la France reprenait conscience de sa force et qu'elle entendait bien renoncer à l'humiliante posture des dernières années.

La sécurité à laquelle le nouvel empire germanique s'abandonnait depuis 1884, fit place à de réelles alarmes, et M. de Bismarck se vit dans la nécessité de ressaisir la direction de la politique européenne qui menaçait de lui échapper.

Convaincu que les meilleurs artifices étaient ceux qui lui avaient réussi jusqu'alors, le chancelier y eut recours de nouveau. Les menaces mêlées de cajoleries lui avaient toujours donné d'excellents résultats : il essaya des unes et des autres avec une ardeur fébrile, adressant les cajoleries à l'Est et les menaces à l'Ouest. L'Europe et, en particulier, la Turquie et l'Autriche seront un jour bien étonnées quand elles apprendront les stupéfiantes propositions faites alors par M. de Bismarck à la Russie pour la décider, soit à renouveler le traité de Skierniévice, soit à conclure une double alliance, soit enfin à vendre sa neutralité dans le cas d'une guerre franco-allemande. *Cette dernière était bien résolue dans l'esprit du chancelier, et, cette fois, les menaces adressées à la France n'étaient pas vaines.*

Plus la froide réserve opposée par Alexandre III à toutes ces avances paraissait invincible, plus s'affermissait à Berlin la conviction qu'il était urgent d'en finir avec la France, avant qu'elle fût parvenue à transformer son armement, et, pendant que la Russie était encore obligée à la neutralité par le traité de Skierniévice. En réalité, cet engagement expirait le 21 mars 1887 ; le traité avait été signé le 7 mars 1886 pour une durée de trois ans et devait être ratifié dans les quinze jours. La véritable ratification n'ayant eu lieu qu'au mois de juillet à Skierniévice, on pouvait à la rigueur, à l'aide d'une interprétation forcée, regarder le mois de juillet comme le dernier terme jusqu'auquel la Russie était forcée de conserver une neutralité bienveillante à l'Allemagne en cas de guerre avec la France. On voit que les *délais* pour une pareille guerre n'étaient pas bien larges et, *au début de* 1887, *elle était chose absolument décidée.* Tous les préparatifs et concentrations préalables à une mobilisation ont eu lieu. Déjà l'ordre était donné dans toutes les places fortes de la frontière — même à Mayence! — de faire partir toutes les familles d'officiers; la voiture même dans laquelle le vieux Guillaume devait suivre son armée était prête! Il ne s'agissait que d'entraîner d'abord la Russie dans quelque folle expédition en Bulgarie, sous promesse d'abandonner l'Autriche si elle s'avisait d'intervenir, puis de trouver quelque bon prétexte pour une déclaration de guerre qui aurait laissé tous les torts apparents du côté de la France. On se rappelle toutes les excitations, toutes les provocations parties de l'Allemagne pendant l'hiver de 1887 (16).

M. de Bismarck, trompé par ses agents sur les véritables dispositions de la France, espérait toujours provoquer quelque éclat, quelque acte bruyant et inconsidéré qui lui aurait permis de présenter aux Allemands le peuple français comme l'agresseur. Heureusement, pendant ces mois critiques, la France fit preuve d'un sang-froid, d'un calme et d'une sagesse dignes de toute admiration.

Alexandre III avait encore présente à la mémoire la manière perfide dont le prince de Bismarck et le comte Andrassy avaient entraîné la Russie dans la guerre de 1877; les propositions même les plus séduisantes venant de Berlin ne purent l'émouvoir; il déclara nettement qu'il dédaignait toutes les provocations de la Bulgarie et qu'il était décidé à rester l'arme au bras et libre de tout engagement pour surveiller les événements dans l'ouest de l'Europe.

Quant au but que M. de Bismarck voulait atteindre par une guerre contre la France, il l'avait franchement avoué dans son mémorable discours de janvier au Reichstag : « Si nous sommes vainqueurs, la paix aura un tout autre aspect qu'en 1871. Nous rendrons la France incapable pour longtemps de faire alliance avec qui que ce soit (*für ein Menschenalter bündnissunfähig*). »

Voyant la Russie inébranlable, M. de Bismarck joua son dernier atout : il suscita l'incident Schnæbelé.

Cette fois encore, le sang-froid et la calme fermeté du peuple français mirent en défaut les calculs du chancelier. L'explosion espérée n'ayant pas eu lieu immédiatement, l'affaire Schnæbelé put être arrangée : dans une lettre autographe qu'Alexandre III fit remettre directement à Guillaume Ier par le comte Mouravieff, l'empereur de Russie exprimait sa pénible surprise de voir le prince de Bismarck chercher un *casus belli* dans une provocation aussi flagrante, et il priait son ancien allié de mettre fin à un incident aussi menaçant pour la paix européenne. On sait le reste : Guillaume Ier, passant par-dessus la tête de son chancelier, donna personnellement l'ordre de relâcher le commissaire de police français.

Depuis le mois de mars 1887, la paix de l'Europe n'a pas été sérieusement menacée. La Russie a conservé son calme dédaigneux devant les nouvelles provocations de la Bulgarie. L'élection du prince Ferdinand de Cobourg à Sofia, la protection déclarée dont l'Autriche a couvert cette violation du traité de Berlin, les discours agressifs prononcés par M. de Kalnoky et le comte Andrassy devant les délégations, tout cela s'est heurté à la ferme volonté d'Alexandre III de ne pas se laisser entraîner dans une guerre en Orient, dont la Triple alliance profiterait pour ouvrir les hostilités contre la France. La conviction que le prince de Bismarck était le véritable metteur en scène de toute la comédie jouée à Sofia ne pouvait que confirmer le Tsar dans sa résolution. Ainsi, au point de vue politique, la campagne entreprise par le prince de Bismarck pour ramener la Russie dans le giron de la Triple alliance a complètement échoué. Toutefois, pendant un moment, le chancelier se crut sur le point de ressaisir son ancien allié : une conspiration souterraine, où trempèrent les séides de M. de Bismarck aux ambassades russes de Paris et de Berlin, réussit à ébranler pour quelques instants la position de Katkof, en procédant contre lui à l'aide de dénonciations calomnieuses et de fausses lettres inventées. Surmené par un travail surhumain et par une excitation cérébrale extraordinaire, touché par les premières atteintes d'une maladie cruelle, le grand patriote russe fut frappé au cœur par le succès même momentané de cette intrigue, dont l'inspirateur était le chancelier et l'exécuteur — M. de Mohrenheim, flanqué de quelques acolytes : il mourut peu de semaines après. Pendant la terrible agonie de ce chrétien convaincu, sa dernière pensée politique — l'entente franco-russe — ne cessa pas un seul instant de le préoccuper. Nous sommes persuadés qu'en prononçant ses dernières paroles : « Dieu... Dieu!... » il lui recommandait mentalement la Russie et la France (17)...

Le triomphe de ses ennemis fut pourtant de courte durée : j'eus le bonheur, après une longue et pénible enquête, de démêler tous les fils de la ténébreuse intrigue et de réunir les preuves de l'infamie dont s'étaient rendus coupables les adversaires de mon grand ami. Si cette démonstration, malheureusement trop tardive, ne put le sauver, elle arriva du moins à temps pour faire éclater la vérité devant notre Souverain. Au point de vue politique, la nouvelle machination de M. de Bismarck a donc fait long feu...

Dégagé des liens de l'alliance allemande, la Russie put bientôt reconquérir aussi son indépendance économique. M. Wychnegradski venait d'être placé à la tête du ministère des finances. Katkof sut le convaincre qu'il était nécessaire pour la Russie de secouer le joug onéreux des financiers berlinois et de transporter en France le marché de ses fonds d'État. J'eus l'insigne honneur d'être désigné par Katkof pour préparer les voies et moyens de cette vaste opération. Elle réussit à merveille, grâce au peuple français qui répondit à notre appel avec un empressement extraordinaire, empressement dû en majeure partie aux sympathies politiques et à la reconnaissance pour le service rendu par Alexandre III à la France en 1887. La confiance dans le crédit russe ne vint que plus tard. Je tiens à constater ce fait tout à l'honneur du public français : quand, avec l'autorisation du ministre des finances, je commençai à Paris la campagne en faveur des fonds russes, les manœuvres du chancelier de Berlin et de sa presse reptilienne avaient plus qu'ébranlé notre crédit. La guerre économique conduite par M. de Bismarck avec un acharnement sans pareil exerça même à un moment donné une action si funeste sur le change et les fonds russes, que ces derniers descendirent à un cours où on ne les avait pas vus pendant les crises les plus terribles de notre vie nationale. Là où ses cajoleries avaient échoué, le chancelier comptait réussir par la menace d'une ruine financière. Cette fois ce furent les capitalistes français, grands et petits, qui trompèrent ses espérances. Les violents efforts de M. de Bismarck ne purent retarder pour longtemps l'affranchissement économique de la Russie. J'avais négocié la première conversion en avril 1887 ; en juin, elle a brillamment réussi, et, dès le mois de juillet de la même année, je fus en mesure de soumettre à M. Wychnegradski les projets de conversion de tous les emprunts 5 p. 100 pour lesquels le concours de la haute banque française nous était entièrement assuré. Or la dernière de ces opérations est en train de s'accomplir au moment où j'écris ces lignes : le retard amené par l'intervention du chancelier allemand ne fut donc pas bien considérable. En revanche, il permit à la Russie de faire ses conversions à des taux bien plus élevés qu'au début. Le public français, ayant eu le temps de ramasser sur le marché les fonds russes dont l'Allemagne se débarrassait à vil prix, fit une excellente affaire, tandis que le public allemand perdait dans cette circonstance et des centaines de millions et sa foi en l'infaillibilité de son chancelier...

Dans l'ordre politique, les résultats de cette campagne économique sont plus considérables encore : ils prouvent d'une manière éclatante, irréfutable, que le vrai peuple français, celui qui travaille, qui produit et qui épargne, est jusqu'au fond de son âme pénétré de la nécessité d'une entente entre la France et la Russie. Tandis que certains politiciens à courte vue hésitent et balancent, le bon sens populaire français n'hésite pas, lui. La perspicacité du véritable souverain de la France lui a promptement fait comprendre où était en réalité l'intérêt du pays. Les bavardages de vieux doctrinaires tombés en enfance ou de quelques anciens officiers français à qui leur obscurité pesait, ne changeront rien à ce fait capital : le peuple français a été unanime pour sauver le crédit de la Russie menacé, il a acquitté sa dette de 1875 et de 1887. Les liens entre les deux peuples ne seront que fortifiés par cette réciprocité de services et d'intérêts. Le Tsar et le peuple russe ne se méprennent pas sur la véritable signification de l'empressement avec lequel le public français accueille chaque nouvelle émission de titres russes. Les maladresses de quelques gouvernants républicains et les intrigues de nos diplomates ne parviendront pas à effacer l'impression de ces plébiscites d'un nouveau genre, où les bulletins de souscription remplacent les bulletins de vote, sans que le verdict soit moins sincère, à coup sûr, dans le premier cas que dans le second.

Étant donné ces manifestations si hautement sympathiques, je crois pouvoir glisser sur les nombreux impairs, — soit dit par euphémisme, — de plusieurs cabinets français. Dès le mois de décembre 1886, le gouvernement russe enjoignit à tous ses agents diplomatiques en Orient de procéder, dans chaque circonstance grave, d'accord avec les représentants de la France. Ces instructions furent généralement exécutées. M. de Montebello put s'en convaincre quand l'ambassadeur russe appuya ses démarches pour amener le sultan à refuser sa sanction aux fameux arrangements conclus par sir Drummond Wolff. Les ministres et les diplomates français ont-ils toujours, eux aussi, observé une attitude correcte envers la Russie? Hélas! plus d'un incident prouve le contraire. Sans la conviction bien ancrée chez les amis de la France qu'on ne peut rendre le peuple français responsable des erreurs commises par certains de ses ministres d'occasion, dans plusieurs cas une véritable rupture aurait éclaté entre les deux pays. Rappelons seulement la déplorable affaire de Sagallo où, pour complaire à M. Crispi, le plus implacable ennemi de la France, un ministère radical fit bombarder une mission religieuse russe; et, dans un ordre de faits moins important, des indiscrétions coupables, pour ne pas dire de criminels abus de confiance commis par des ministres trop enclins à se prosterner devant M. de Bismarck; la mission de M. de Lesseps (18) à Berlin au moment même où Alexandre III venait de refuser d'une manière définitive tout engagement en cas de conflit sur le Rhin; on pourrait citer bien d'autres choses encore...

Heureusement Alexandre III reste inébranlable dans ses résolutions, dès qu'il les a reconnues conformes à la justice et au bien de ses peuples. Il regarde haut et passe outre à toutes les petites vilenies des diplomates, que ceux-ci soient Russes ou Français. Les nombreuses fautes des uns et des autres n'ont donc pas altéré l'état de choses créé entre les deux pays par les événements de 1886 et 1887.

III

LES BASES D'UNE ENTENTE ENTRE LA RUSSIE ET LA FRANCE

Il nous reste à rechercher si cette situation est réellement conforme à des intérêts permanents et s'il est désirable qu'elle soit consolidée par une alliance effective et durable. Dans cet examen nous écarterons complètement le côté sentimental, qui n'a rien à faire dans les questions de politique étrangère où est en jeu l'existence même des peuples. Nonobstant les sympathies indubitables qui existent entre la Russie et la France, ces deux nations ont été plus d'une fois aux prises l'une avec l'autre dans des luttes meurtrières, comme, malgré leur antipathie réciproque, les Allemands et les Russes se sont liés par des accords qui ont duré près d'un siècle. Les politiciens français s'imaginent à tort que la prétendue inimitié qui divise la Russie et l'Allemagne doit forcément amener dans un bref délai une guerre à mort entre les deux pays. C'est une erreur grave, qui deviendrait funeste si elle prenait racine dans l'esprit du peuple français. Les deux empires du Nord savent trop bien quels sacrifices énormes leur coûterait la guerre une fois engagée, pour s'y décider par de pures considérations de sympathie et d'antipathie! Il n'y a pas encore longtemps, la Russie n'avait aucune raison plausible de désirer, ni même de prévoir une lutte avec l'Allemagne. Nous avons du côté de l'Occident la frontière définitive qu'exigent nos intérêts, et nous ne pouvons rien prendre à la Prusse qui nous soit d'une utilité quelconque.

Si les relations entre les deux puissants voisins se sont tendues de manière à rendre une conflagration, dans un avenir plus ou moins prochain, sinon certaine, du moins très probable, cela tient à deux ordres de faits dépendant l'un et l'autre de la guerre de 1870-1871.

D'une part, cette guerre a rendu inévitable une reprise des hostilités, qui sera d'autant plus avantageuse à la France qu'elle sera plus reculée. De là chez les hommes d'État allemands le désir assez naturel d'écraser la nation française avant qu'elle ait recouvré toutes ses forces, et aussi avant que les germes de désagrégation contenus dans le nouvel empire aient eu le temps de se développer.

La Russie étant fermement résolue à ne plus laisser écraser la France et surtout à ne pas admettre la disparition de ce pays comme grande puissance européenne, — il s'ensuit entre les deux empires voisins un conflit d'intérêts qui s'est manifesté pour la première fois en 1875 et pour la deuxième en 1887.

D'autre part, les conditions dans lesquelles s'est formé le nouvel empire germanique forcent la Prusse d'entretenir les meilleures relations avec l'Autriche et de la pousser à l'Orient pour qu'elle y trouve des compensations à la perte de sa situation séculaire en Allemagne. Le nouvel empire, en effet, ne s'est pas construit comme l'aurait souhaité le noble prince qui, pour le malheur de ses sujets, ne régna que quelques mois : au lieu de se former, suivant le rêve de Frédéric III, par l'absorption de la Prusse dans l'Allemagne unifiée, il s'est créé, conformément à la conception de Guillaume Ier et de M. de Bismarck, par la domination prussienne sur l'Allemagne asservie. Cette dernière création est beaucoup moins viable que ne l'aurait été la première, et la condition essentielle de sa vitalité repose sur la renonciation expresse des Habsbourg, à toute velléité de reconquérir leur ancienne position. Le génie du prince de Bismarck ne s'est jamais fait d'illusion à ce sujet. Aussi eut-il grand soin en 1866 de respecter l'intégrité du territoire autrichien, pour laisser la porte ouverte à une réconciliation. Contrairement à l'assertion du colonel Stoffel, le Kronprinz soutenait de toutes ses forces le chancelier contre l'aveugle entêtement de Guillaume Iᵉʳ, qui alors — comme souvent aussi plus tard — ne voyait pas toujours bien clairement où le menait la politique de son grand ministre (19).

En 1871, à la veille de la proclamation de l'empire allemand, le premier soin du prince de Bismarck fut de rassurer l'Autriche sur les conséquences futures du nouvel état de choses. Une circulaire confidentielle du secrétaire d'État, M. de Thile, fit entrevoir à l'Autriche des compensations en Orient et indiqua en termes assez clairs que, si cette puissance rencontrait la Russie sur le chemin de ses ambitions, le futur empire allemand ne pourrait pas hésiter entre ses anciens liens avec l'Autriche et ses sympathies pour l'empire des Tsars (20).

Le chancelier resta fidèle à ses promesses : quand, en 1875, l'intervention du cabinet de Pétersbourg en faveur de la France évoqua dans son esprit le spectre d'une alliance franco-russe, il s'empressa de faire provoquer par les agents du comte Andrassy les troubles de la Bosnie et, peu à peu, entraîna la Russie dans la campagne de 1877, qui aboutit au lamentable traité de Berlin. Seul, le général Ignatieff voyait clair dans le jeu du prince de Bismarck ; mais en vain il essaya d'empêcher cette guerre : tous ses efforts se brisèrent contre les agissements du chancelier secondé par l'aveuglement des autres diplomates russes. M. de Chaudordy rappelle à ce propos que, grâce au comte Ignatieff, aidé par lui et par le marquis de Salisbury, le conflit soumis à la conférence de Constantinople était en voie d'apaisement, lorsque l'intervention brouillonne du délégué allemand fit évanouir tout espoir de pacification.

Les difficultés que la circulaire de M. de Thilo avait prévues entre Vienne et Saint-Pétersbourg, commençaient à se dessiner sur l'horizon politique et, après que le congrès de Berlin eut arraché aux Russes le fruit de victoires chèrement achetées, les rapports de la Prusse et de la Russie perdirent beaucoup de leur ancienne cordialité. Nous avons vu plus haut avec quelle perfidie le prince de Bismarck exploita le traité de Skiernievice pour détruire l'influence russe dans les Balkans. — en quoi, soit dit en passant, les diplomates et agents russes l'aidèrent puissamment par leurs maladresses ; — comment, enfin, ses velléités belliqueuses dirigées contre la France en 1887 amenèrent une rupture entre les anciens alliés.

Les hommes politiques français, que le jeu des hasards parlementaires fait arriver au pouvoir, doivent donc se bien pénétrer de la conviction que ce sont là les *causes uniques* du refroidissement entre la Russie et l'Allemagne. *Le jour où, pour le malheur des deux pays, les maladresses criminelles de ces hommes amèneraient la Russie à ne plus considérer le maintien de la France, en tant que grande puissance continentale, comme une condition indispensable de l'équilibre européen*, ce jour-là disparaîtrait la principale cause de discorde entre les deux puissances orientales. Et, malgré leur peu de sympathie réciproque, les deux peuples pourraient renouer l'ancienne chaîne...

Que les partisans de la politique de M. Ferry le comprennent : si, sacrifiant la cause de l'avenir, on ne considérait en politique que les avantages immédiats, on se lierait toujours avec l'État momentanément le plus fort, puisque c'est celui qui pourrait offrir le plus d'avantages comme prix de son amitié. Or, n'est-il pas évident que l'Allemagne est en mesure d'offrir plus à la Russie que la France, et que l'Allemagne n'aura pas besoin de sacrifier un seul mètre du terrain conquis, le jour où elle sera assurée de l'amitié de la Russie ? Si, néanmoins, la Russie préfère s'entendre avec la France plutôt qu'avec l'Allemagne, c'est que, dédaigneuse d'avantages seulement immédiats, elle ne se laisse guider dans sa politique extérieure que par ses intérêts permanents et traditionnels. Le malheur de la France est justement que, depuis un siècle, à force de n'avoir que des gouvernements provisoires, destinés à une existence éphémère, elle a perdu jusqu'au souvenir de sa politique traditionnelle. En dehors de la Restauration, qui, elle, chercha à reprendre les anciennes traditions de la monarchie et qui réussit même à établir des liens très étroits avec la Russie ; en dehors de quelques tentatives faites par Napoléon Iᵉʳ, toute la politique étrangère de la France dans le courant de ce siècle fut aussi contraire aux traditions du pays qu'à ses intérêts les plus vitaux. Le gouvernement de Juillet courut après l'amitié de l'Angleterre, la plus vieille et la plus irréconciliable ennemie de la France. Napoléon III ne s'inspira que de rêves humanitaires ou de fausses considérations dynastiques; aussi, pendant le second Empire, la France accumula tant de fautes politiques qu'aucune autre nation n'aurait pu y survivre. C'est Napoléon III qui a créé l'Italie une et qui a fondé l'empire allemand; c'est lui qui a affaibli l'Autriche au point de l'amener à la situation subalterne où nous la voyons aujourd'hui; c'est lui qui, par la guerre de Crimée, a sauvé la position de l'Angleterre en Orient et qui, en détruisant la flotte russe de la mer Noire, a rendu possible la perte de l'Égypte. Oubliant Sébastopol, la Russie se rapproche de la France et, pour la récompenser de son attitude bienveillante en 1859, Napoléon, quelques années plus tard, ne trouva rien de mieux à faire que de commencer contre elle la campagne diplomatique de 1863!

En un mot, la politique extérieure de Napoléon III consistait simplement à épuiser toutes les forces vives de la nation pour lui créer de puissants ennemis et lui aliéner tous ses amis. Aussi, à l'heure de la lutte suprême, la France ne trouva ni chez elle ni au dehors les ressources dont elle avait besoin pour défendre son existence (21).

La République ne pouvant pas poursuivre une politique dynastique, les fautes qu'elle commet dans la conduite de ses affaires étrangères sont dues surtout à la profonde ignorance des députés qu'un hasard aveugle envoie inopinément au quai d'Orsay. Le nouveau ministre n'a pas plutôt réussi à jeter un coup d'œil furtif sur une carte géographique de l'Europe et à distinguer vaguement la Roumélie de la Roumanie, il a à peine eu le temps d'apprendre la situation approximative des États scandinaves et les noms des principaux pays accrédités auprès de la République, il vient seulement d'acquérir un peu d'assurance devant les imposants huissiers du ministère, qu'une coalition quelconque le renverse; à moins qu'effrayé soudainement des graves dangers que ses bévues peuvent faire courir à la France, lui-même ne saisisse la première occasion de démissionner.

Mais ce rare privilège n'appartient qu'aux ministres des affaires étrangères qui cumulent ces fonctions avec celles de président du conseil!

Une politique suivie est-elle possible dans ces conditions, et faut-il s'étonner des difficultés que la Russie rencontre dans ses tentatives pour traiter avec la France? Par une étrange aberration, M. le colonel Stoffel trouve, au contraire, dans le fait que la politique russe est conduite par la volonté d'un *seul homme* un obstacle à une entente! Il oublie que cet homme est le représentant de la monarchie héréditaire russe et, comme tel, incarne en lui les traditions séculaires du pays. C'est justement *la multiplicité des têtes* dont dépend en France la direction de la politique étrangère. qui constitue le grand obstacle. La forme républicaine n'y est pour rien. Bien des monarchies, à commencer par la Russie elle-même, ont maintes fois traité avec les États-Unis. Où gît le mal, c'est dans la faiblesse du pouvoir exécutif qui, par crainte d'une interpellation parlementaire, n'ose prendre aucune initiative, même dans le cas où la constitution de 1875 l'y autorise; le mal, c'est aussi l'existence éphémère des cabinets qui les empêche de poursuivre une politique de longue haleine. On est enfin arrivé en France à rendre le ministère de la guerre presque stable et indépendant des crises ministérielles. Serait-il donc si difficile de revenir à la tradition du maréchal de Mac-Mahon et de faire de même pour le portefeuille des affaires étrangères? Ou s'imagine-t-on que la sauvegarde des intérêts vitaux d'une grande nation dépende moins d'une bonne politique extérieure que d'une solide organisation militaire?

Les intérêts sont-ils identiques ou conciliables avec ceux de la Russie? Voilà la question primordiale qui domine toute la discussion. Je vais l'aborder avec la même franchise, la même sincérité que les autres points brièvement touchés plus haut. M. le colonel Stoffel, M. Barthélemy Saint-Hilaire et les autres apôtres d'un rapprochement avec l'Allemagne croient confondre la Russie en disant qu'elle ne se contentera pas de rendre à la France l'Alsace et la Lorraine, mais que l'alliance avec le gouvernement français est aussi pour elle un moyen de poursuivre des buts personnels! Nous acceptons carrément ce reproche; nous dirons même que s'il existait en Russie un homme politique capable de s'allier avec la France à seule fin de reconquérir l'Alsace-Lorraine, sans poursuivre en même temps un but national russe, il serait fou à lier et mériterait d'être enfermé dans un cabanon! Les deux personnages que nous venons de nommer sont pourtant d'âge à comprendre que le temps est passé où la France jouait en Europe les Célimène, daignant se laisser adorer par les autres peuples, sauf à les berner quand l'occasion s'en présentait. La politique étrangère, dans cette fin de siècle, ne se joue pas sur les tréteaux d'un théâtre. Elle met en branle à la fois les plus sauvages passions et les plus hauts intérêts de l'humanité. Ses comptes rendus s'écrivent avec des torrents du sang, à la lueur des villes incendiées, et parmi des désastres innombrables. Tout cabotinage est donc criminel quand il s'agit de choses aussi terriblement graves.

Il faut nécessairement qu'une entente entre deux pays repose sur le principe : *Do ut des*, à moins d'être un marché de dupes. L'entente peut ne porter que sur une question de détail et n'être que temporaire ; mais si elle touche aux intérêts essentiels et permanents de ces nations, elle impose de lourds sacrifices aux parties contractantes et doit, en raison même de ces sacrifices, être calculée sur de longues durées. J'ajouterai tout de suite que s'il ne s'agissait entre la France et la Russie que d'une entente du premier genre, d'un *marché fin courant* où la France dirait à la Russie : « Passe-moi l'Alsace, je te passerai la Bulgarie, » je serais le premier à détourner ma patrie d'une opération pareille. Voilà plus de dix ans que, de ma propre initiative, poussé uniquement par l'amour des deux pays, celui dans lequel je suis né et celui où j'espère mourir, j'ai pris sur moi la tâche de convaincre les hommes influents de ces deux nations que l'union leur est impérieusement commandée, aussi bien par leur propre intérêt que pour celui de la paix et de l'équilibre européen. Mais si cette union ne devait aboutir qu'à une entente passagère, j'aimerais mieux renier tous mes actes des dernières années et conseiller aux deux peuples de poursuivre chacun son propre chemin.

Les raisons en sont trop évidentes ; il vaut mieux ne pas y insister (22).

Si je persiste à lutter, c'est précisément parce que j'ai la profonde et inébranlable conviction que les intérêts des deux pays concordent dans toutes les questions principales, que les idéals historiques qu'ils poursuivent dans leur politique étrangère — et une nation qui renonce à ses idéals historiques est une nation fatalement condamnée à la décadence — ne se contredisent et ne se contrecarrent jamais, qu'ils ont les mêmes adversaires et les mêmes ennemis sur tous les points du globe. Telle est aussi l'intime et instinctive conviction du peuple français ; ce n'est donc pas à lui que je m'adresse ici, mais à certains hommes d'État dont les uns reculent devant l'acte décisif parce que, sous la funeste impression de l'Année terrible, ils ont perdu toute foi dans l'avenir politique de la France et ne voient plus pour elle de gloire à rechercher que sur le terrain des arts, des sciences, de la littérature et de l'industrie; — les autres parce qu'ils craignent, en engageant leur pays dans une politique active, de perdre la haute main sur la conduite de ses destinées, et, avec elle, tous les profits qui en découlent. Les premiers semblent excusables de n'avoir pas une haute opinion d'une nation, qui leur a abandonné la direction de ses affaires. Mais, quand on a de pareilles désespérances dans l'âme, on ne prétend pas au gouvernement d'un grand pays, on se fait poète décadent, et on écrit des romans, où l'on jette la boue à l'armée la plus ancienne et la plus glorieuse du monde, à l'armée qui produit encore des Bobillot, des Dominé, des Négrier, des Courbet!

Pour ce qui est des autres, je ne les accuserai pas d'être égoïstes ou de manquer de patriotisme. Il est si humain, quand on est à la tête du gouvernement, de croire sincèrement que les destinées de la nation sont dans les meilleures mains et que ce serait un désastre national si elles passaient dans celles des autres!... Mais je leur rappellerai seulement que les gouvernements antérieurs sont tombés précisément pour avoir subordonné les grands intérêts du pays à leurs mesquins intérêts personnels et que, chute pour chute, il vaut mieux tomber sur le champ de bataille, la poitrine trouée d'une balle, que renversé par un coup de pied reçu ailleurs.

L'erreur de ces hommes politiques consiste surtout en ce que, au lieu de considérer la conclusion d'une entente avec la Russie comme la meilleure garantie de la paix européenne, ils n'en attendent que plaies et bosses. Pourtant, ils n'ont qu'à voir ce qui assure le mieux même la paix précaire dont nous jouissons: la Triple alliance dont le provocateur Crispi forme le plus vilain ornement, ou l'attitude si ferme et si digne d'Alexandre III qui, devant toutes les menaces et tout le mouvement des agités de la Triple ou Quadruple alliance, reste inébranlable dans sa décision de ne pas laisser troubler la paix du monde?

La France et la Russie unies par un traité d'alliance purement défensive, visant uniquement une attaque du côté de l'Allemagne, qui osera tirer un coup de fusil en Europe sans leur *permission ? Si la paix actuelle est précaire, si la crainte d'une conflagration générale pèse si lourdement sur l'Europe, la raison en est très simple : c'est que l'entente franco-russe n'est pas encore scellée par un traité formel. Aussi longtemps qu'on se flattera à Berlin de pouvoir détacher la Russie de l'entente avec la France, les menaces de guerre ne cesseront pas et l'Italie continuera à se ruiner en armements dans l'espoir de se rattraper sur le riche butin que le prince de Bismarck a montré en France à ses convoitises. Aussi longtemps que les maladresses des gouvernants français laisseront supposer à l'Europe que la France pourra un jour se faire la complice et la vassale de l'Allemagne, l'Autriche-Hongrie se ruinera, elle aussi, en armements motivés par l'espoir de futures conquêtes en Pologne et dans les Balkans. Le jour où un traité d'alliance défensive franco-russe sera signé et rendu public, l'Autriche et l'Italie n'espéreront plus rentrer dans leurs frais — et la paix de l'Europe sera assurée.*

Voilà ce que certains politiciens français à courte vue, troublés par les insinuations de la presse internationale aux gages de M. de Bismarck, ne comprennent pas ; comme ils ne voient pas non plus ce fait qui crève les yeux que, le jour où, ne se contentant plus d'intrigues d'antichambre, ils essayeront de réaliser leur pernicieux projet d'entente avec l'Allemagne, ils seront honteusement balayés par le peuple français. Je défie un parti politique quelconque de rester trois jours au pouvoir en France si, en cas de crise, il se déclarait opposé à une entente avec la Russie !

Ce qui effraye les politiciens russophobes, est-ce donc la pensée des avantages que, le cas échéant, notre pays retirerait de l'alliance en question ?

La politique nationale russe n'a pas de desseins cachés ; elle l'a maintes fois affirmé à la face du monde entier : elle tend à obtenir — et tôt ou tard certainement elle l'obtiendra — l'ouverture du golfe Persique et de la Méditerranée. La Russie occupant la septième partie du globe terrestre ne peut pas rester éternellement séparée des grandes mers, ni emprisonnée pendant de longs mois par des mers de glace. L'empire russe n'est pas un État avide d'agrandissements (23) ; le traité de San-Stefano, si injustement décrié, en est lui-même la preuve : qu'attribuait-il à la Russie pour prix de ses victoires ? L'Autriche a enlevé à la Turquie deux provinces, l'Angleterre a pris l'île de Chypre et l'Égypte ; la France, la Tunisie ; — qu'est-ce que cette Russie, dont on se plait à dénoncer l'avidité, a exigé pour elle-même à San-Stefano où elle était maîtresse absolue de dicter la paix? Batoum, un port sans valeur pour les Turcs; Kars, une forteresse qui menaçait sa frontière, et la rétrocession en Bessarabie de quelques districts russes dont le traité de Paris l'avait amputée! Et cela pour deux milliards de roubles dépensés et cent mille soldats perdus pendant la guerre!

Ce n'est donc point par esprit de conquête qu'elle veut occuper le détroit des Dardanelles, c'est pour ne pas laisser ses principaux ports commerciaux et militaires dans la mer Noire exposés à la première flotte ennemie qui viendra les bombarder, c'est pour donner un libre essor à son commerce extérieur...

La garde des détroits confiée à la Russie, les intérêts de la France sont-ils menacés ou lésés quelque part? Bien au contraire: *L'accès libre de la Russie à la Méditerranée est pour la France d'un intérêt vital et, disons-le hardiment, plus considérable encore que la possession de l'Alsace et de la Lorraine.*

Même dépouillée de ces deux provinces, la France n'a pas cessé d'être une puissance grande et forte : croit-elle le rester en perdant sa position dans la Méditerranée? Or, cette position est déjà considérablement amoindrie par l'Angleterre possédant Gibraltar, Malte, Chypre, l'Égypte et Aden; l'entrée en scène de la flotte italienne menace de lui porter le dernier coup.

Hypnotisée par la perte de Metz et de Strasbourg, la France a toujours les yeux fixés sur la frontière de l'Est, elle ne voit pas que ses destinées futures se joueront dans le Sud, dans la Méditerranée. Certes, l'Allemagne est une ennemie terrible pour la France. Mais l'hégémonie de l'Allemagne n'est qu'un accident passager. A moins, peut-être, que Guillaume II se fasse catholique et se laisse couronner par le Pape, l'empire germanique ne parviendra jamais à la domination universelle : des raisons s'y opposent, qu'il serait trop long de développer ici, mais dont la justesse est reconnue par le prince de Bismarck lui-même (24).

Mais un ennemi autrement sérieux, un adversaire autrement implacable pour la France, est et a toujours été l'Anglais! A chaque pas de sa vie nationale, la France a dû soutenir contre lui une guerre à mort, et cela est tout naturel. Les deux peuples aspiraient depuis des siècles à la prépondérance maritime en vertu de l'adage éternellement vrai : « Qui mer a terre a. » De là une lutte qui, grâce à la politique de Louis XV et aux cataclysmes produits par la Révolution, a abouti au triomphe de l'Angleterre.

Aujourd'hui, la Grande-Bretagne est incontestablement la maîtresse du monde. En Asie et en Amérique, elle possède d'immenses territoires ; l'Australie lui appartient tout entière et, prévoyant que le xxᵉ siècle sera rempli par la lutte pour l'Afrique, elle est en train de s'y tailler un vaste empire qui ira de l'Égypte jusqu'au cap de Bonne-Espérance, de l'embouchure du Congo jusqu'à Zanzibar et au Zambèze (25).

La puissance maritime de la France est encore le seul obstacle qui empêche l'Angleterre de régner sans partage sur la mer. C'est pourquoi celle-ci poursuit sa rivale d'une haine féroce, qui ne sera assouvie que par la chute complète et irrémédiable de la France. Non contente de lui avoir autrefois arraché le Canada, les Indes et d'innombrables îles, l'Angleterre se montre résolument hostile à la France partout où cette dernière a quelque intérêt à défendre. Au Tonkin comme à Madagascar, en Égypte comme aux Nouvelles-Hébrides, partout, jusque dans la Nouvelle-Calédonie et à Terre-Neuve, la France rencontre le même adversaire acharné. Aussi le nombre des bons jobards français qui ont regardé l'Angleterre comme la meilleure amie de leur pays est-il incalculable !... Sans remonter à la monarchie de Juillet et à la guerre de Crimée, combien de ministres républicains se sont prosternés devant cette « alliée naturelle » de la France ! Un seul déjeuner avec une Altesse royale a suffi pour convaincre Gambetta que le bonheur de la France consistait à tirer les marrons du feu pour les fidèles sujets de cette Altesse. M. de Freycinet, pendant de longs mois, n'a juré que par l'Angleterre, et maint député radical est devenu anglophile pour avoir goûté l'hospitalité large de quelque grand seigneur britannique. Tout dernièrement encore, n'a-t-on pas fêté à Paris M. Gladstone comme le meilleur ami de la France, le même Gladstone qui l'a évincée de l'Égypte et qui, selon l'aveu de sir Charles Dilke, son ancien collègue, en refusant en juillet 1870 de s'associer aux démarches de la Russie et de l'Autriche, a permis à la guerre d'éclater ? Quant aux académiciens orléanistes, ils croiraient délaisser les saines traditions de la monarchie parlementaire, s'ils n'en continuaient pas les erreurs funestes...

Tout cela, naturellement, n'a pas modifié l'attitude de l'Angleterre, trop intelligente de ses intérêts pour ne pas persister dans sa grande politique traditionnelle que les nigauds seuls croient diminuer en l'appelant égoïste (26) ; elle n'a donc pas hésité une minute à entrer dans la Triple alliance dirigée contre la France. L'espoir seul de voir la marine italienne aux prises avec la marine française a suffi pour décider l'Angleterre à s'associer avec l'Italie. Elle n'avait garde de manquer une si belle occasion d'aider ses deux concurrents méditerranéens à s'entr'égorger : que leurs flottes se détruisent l'une l'autre, qu'ils bombardent réciproquement leurs ports de guerre et de commerce, n'est-ce pas tout ce que peut désirer de mieux la « perfide Albion » ?

En pareil cas, les hommes d'État anglais n'hésitent jamais, surtout si, pour surcroît de bonheur, l'hypocrisie nationale y trouve son compte. Il est si commode d'expliquer l'adhésion à la Triple alliance par le désir de contribuer au maintien de la paix ! Au moment de la distribution des dividendes — toute la politique anglaise n'étant qu'une entreprise commerciale, ce mot n'est pas déplacé, — l'Italie recevra la Tunisie, peut-être avec l'Algérie, et cédera l'Abyssinie à l'Angleterre, qui, pour se dédommager, mettra aussi la main sur le Maroc...

C'est dans la Méditerranée que l'isolement de la France la menace des plus grands dangers, et il ne prendra fin que quand la Russie, maîtresse des détroits, fera flotter son pavillon maritime à côté de celui de la France. Il n'y a donc aucun antagonisme, mais au contraire une identité complète entre les intérêts français et les visées politiques poursuivies par la Russie. Sans la destruction de la marine russe opérée pendant la guerre de 1854, l'Angleterre n'aurait pas pu s'emparer de l'Égypte ; ce sera peut-être grâce à la flotte russe de la mer Noire que la terre des Pharaons recouvrera son indépendance.

Et qu'on ne s'imagine pas que la garde des détroits implique la chute de l'empire turc ou même la perte de Constantinople pour le sultan. Pas du tout. La Russie n'a que faire de cette ville et préférera toujours y voir le sultan plutôt qu'une autre puissance européenne. Qu'on n'oublie pas que ce prince joint à sa qualité de souverain temporel celle de « commandeur des croyants », qu'il est le successeur du khalife du monde mahométan. La Russie, comme la France, possède de nombreux sujets musulmans. Ces deux nations auront donc tout intérêt — surtout au moment où s'engagera la lutte pour le continent africain — à avoir le sultan de leur côté... Loin de le déposséder de

Constantinople, elles devraient, par leur puissant appui, s'efforcer de grandir son prestige, de même que le devoir des peuples catholiques est de maintenir le pape libre et respecté à Rome.

Les intérêts de la Russie se rencontrent encore dans l'extrême Orient avec ceux de la France : les deux pays ont, toujours grâce aux intrigues anglaises et allemandes, un adversaire redoutable dans la Chine qui, à la première conflagration en Europe, cherchera à prendre sa revanche au Tonkin et sur l'Amour... Et même si j'avais un conseil à donner à la France, ce serait d'abandonner le plus tôt possible, et de son propre gré, le Tonkin, cette colonie pestilentielle et improductive, quitte même à laisser pour compte aux mandarins annamites le monument de Paul Bert. En conservant quelques points facilement défendables de la côte et en s'assurant de sérieux avantages commerciaux, elle pourra maintenir sur l'Annam un protectorat plus ou moins nominal. Autrement, il est à craindre qu'en cas de guerre européenne, le fameux empire indo-chinois ne devienne, pour la France, un terrible embarras.

Une armée nombreuse, bien équipée, qui ne le cède à aucune autre, une marine pouvant rivaliser avec celle de l'Angleterre, des ressources matérielles inépuisables, l'esprit guerrier héréditaire dans la race gauloise, ce sont là autant de conditions dont la réunion permet à la France de reprendre sa place au premier rang des premières puissances du monde et d'aspirer encore à un rôle très brillant dans l'histoire future. Mais deux ombres assombrissent son horizon : c'est, dans le présent, l'incohérence de sa politique avec l'isolement qui en résulte; dans l'avenir, l'infécondité relative de la famille française. Tandis que les États qui entourent la France voient leur population s'accroître considérablement, la sienne reste presque stationnaire. Dans un temps peu éloigné, d'ici à vingt ou trente ans, l'équilibre de forces fondé sur le nombre d'habitants sera profondément troublé à son désavantage. Une entente non pas momentanée mais perpétuelle avec la Russie est le moyen de parer à ce double danger. La France sortira de son isolement actuel et, grâce à la croissance vertigineuse de la population russe (2,50 p. 100 par an), les effets politiques de la rupture d'équilibre indiquée plus haut seront paralysés dans l'avenir. Dans vingt ans la population de la Russie dépassera 150 millions d'âmes; avec les 45 millions qu'aura alors la France, le nombre sera encore de leur côté...

IV

L'ENTENTE FRANCO-RUSSE ET L'AUTRICHE-HONGRIE

Ce serait une profonde erreur de croire que l'entente franco-russe une fois fermement établie, le groupement des puissances que le prince de Bismarck a entraînées dans sa ligue contre la France n'en sera pas affecté. Loin de là. L'Angleterre, il est vrai, restera forcément rivée à l'Allemagne ; les liens entre les deux pays sont trop multiples et trop solides pour être relâchés. L'Italie aussi continuera probablement à se mouvoir dans l'orbite du nouvel empire. Quand un peuple a été asservi pendant de longs siècles, il lui faut presque des siècles pour retrouver la dignité d'une nation libre. Les Italiens ont été, durant des centaines d'années, écrasés sous la botte tudesque. Il est donc tout naturel qu'à peine affranchis ils aient repris leur attitude séculaire, et qu'ils aient même cherché à mordre la France, leur libératrice. Selon toute apparence, ils conserveront cette position, au moins aussi longtemps qu'ils n'auront pas touché le prix mérité de leurs trahisons.

Mieux vaut, d'ailleurs, qu'il en soit ainsi : cela permettra d'attirer à l'entente franco-russe l'Autriche-Hongrie, dont l'existence est également menacée par l'Allemagne soumise à la Prusse et par l'Italie où se remue l'irrédentisme.

Le prince de Bismarck a si fortement mis son empreinte même sur la manière de penser de ses contemporains que l'idée de voir l'Autriche devenir l'alliée de la Russie paraîtra paradoxale à bien des lecteurs. L'homme qui a brisé la puissance des Habsbourg, qui les a chassés de l'Allemagne et de l'Italie, est arrivé à leur persuader que le nouvel empire germanique est leur seul ami, leur seul soutien en Europe, et que, par contre, ils ont tout à craindre de la Russie, leur vieille et fidèle alliée ! Telle était la puissance suggestive de cet homme extraordinaire, qui, servi par une presse habile et insinuante, a réussi à s'emparer de l'esprit public dans l'Europe entière et à le façonner à son gré.

L'ancien chancelier n'était pas seulement après Disraëli le plus grand homme d'État de notre époque, il en était aussi le journaliste le plus influent et le psychologue le plus pénétrant. Une des manifestations les plus éclatantes de sa puissance psychologique est certainement d'avoir inspiré à ses adversaires une telle conviction de sa supériorité qu'ils lui ont abandonné la direction suprême de *leurs* affaires. Et pendant une dizaine d'années on a assisté à ce spectacle sans exemple : la politique extérieure de presque tout le continent gérée par un seul ministre ! Les divers *leaders* européens croyaient rendre un service signalé à leur pays, en confiant le soin de ses intérêts à M. de Bismarck, sentant très bien devant sa haute intelligence leur parfaite nullité. Un détail auquel ces naïfs n'avaient pas songé, c'est que l'homme d'État éminent se doublait chez M. de Bismarck d'un fervent patriote, et qu'il aurait trahi ses devoirs envers l'Allemagne en n'abusant pas de la confiance dont l'honoraient ses collègues des affaires étrangères !

Peut-on, sans la plus grande injustice, lui reprocher d'avoir empêtré la France dans le Tonkin, d'avoir épuisé les forces vives de l'Autriche-Hongrie dans la poursuite d'une politique dont le succès serait la ruine de cet empire, d'avoir expulsé la Russie des Balkans au profit de l'invasion allemande, d'avoir forcé l'Italie à s'endetter de plusieurs milliards afin d'assurer à l'empire allemand la possession de l'Alsace-Lorraine !

Mais les faits accomplis ont une grande force suggestive, lors même que le prince de Bismarck n'en est pas l'inspirateur. L'entente franco-russe une fois sortie du domaine des aspirations vagues et devenue un facteur réel et décisif de la politique continentale, on sera frappé du revirement général qui se produira dans l'opinion des peuples et des rois. Les ministres les plus aveugles recouvreront subitement la vue, et la domination qu'ils ont subie pendant les dix dernières années au grand préjudice de leur pays ne leur apparaîtra plus que comme un lointain cauchemar.

La chute de M. de Bismarck facilitera étrangement cette transformation. Il n'est rien de tel que l'insuccès pour découronner le génie aux yeux du vulgaire. La force exerçant toujours une attraction irrésistible, l'entente franco-russe deviendra bientôt le centre d'une nouvelle constellation politique...

C'est à l'aide d'un mirage et d'un spectre que le prince de Bismarck est parvenu à convaincre les Habsbourg que la Prusse est leur meilleur soutien et que la Russie menace seule leur puissance. Le mirage s'est montré comme de juste sous le ciel bleu de l'Orient ; le spectre est apparu au Nord, couvert d'un linceul de neige. Le premier a ébloui les augustes hôtes de la Hofburg en faisant entrevoir à leurs yeux la conquête des Balkans, la possession de Byzance, la formation d'un puissant État slavo-catholique sous la protection bienveillante de l'Allemagne luthérienne. Le spectre qui servait d'épouvantail, c'était le fameux parti panslaviste que personne n'a jamais vu, qui n'a jamais existé, et dont tout le monde parle comme d'une puissance ténébreuse, disposant de montagnes d'or, ayant à son service des agents innombrables et d'une habileté surnaturelle, occupé à saper par des mines souterraines l'Occident pourri, afin de fonder sur ses ruines on ne sait quel empire fantastique avec la croix orthodoxe et le knout pour emblèmes! Il y a bien des gens qui croient à Croquemitaine, aux esprits frappeurs, à l'intelligence du suffrage universel et à la politique humanitaire de l'Angleterre!

Pourquoi ne croirait-on pas à l'existence de l'invisible parti panslaviste? Et comme c'est peu connaître le Slave en général et le Russe en particulier que de s'imaginer qu'ayant des montagnes d'or à sa disposition, il en sacrifierait seulement une parcelle pour détourner quelques officiers bulgares de leurs devoirs, dont ils n'ont d'ailleurs aucune idée, plutôt que d'aller dépenser le tout sur les boulevards de Paris ou sur le tapis vert de Monte-Carlo! Que dire aussi de l'habileté de ces mystérieux agents qui auraient dépensé des monceaux d'or pour aboutir aux beaux résultats qu'on sait! Mais avec quelques millions de roubles bien employés, ils auraient obtenu que le roi de Roumanie fût renvoyé par ses propres soldats dans le château de ses ancêtres; pour une somme beaucoup moindre, Stambouloff se serait chargé de ficeler le Cobourg et de l'expédier à Vienne comme un simple colis postal; et avec bien moins encore on déciderait les mêmes journaux qui agitent deux fois par jour le spectre panslaviste à soutenir mordicus que Berlin est menacé par une invasion turque, que la France va émettre son nouvel emprunt sur la place de Rome, et qu'en politique M. de Bismarck est une oie et M. de Giers un aigle!

Qui a le premier inventé l'existence d'un parti panslaviste? A ce bienfaiteur resté anonyme, l'Allemagne devrait bien élever un monument à Varzin en reconnaissance des inappréciables services qu'il a rendus à l'heureux possesseur de ce domaine.

Mais il est temps de détruire la légende du parti panslaviste. Ce parti n'a jamais existé en Russie, par la simple raison que dans cet heureux pays il n'existe pas et ne peut pas exister de partis politiques. On y trouve bien quelques coteries qui s'en donnent le nom, entre autres cette association d'assassins appelés nihilistes, que la coupable complaisance de certains gros personnages a laissée se former vers la fin du dernier règne, mais dont les tendances ne sont pas plus politiques que celles des compagnons anarchistes dévaliseurs d'hôtels privés.

Répétons-le donc encore une fois, un parti panslaviste organisé, ayant un centre, des cadres, des moyens d'action, et rêvant de réunir tous les Slaves sous le sceptre des Tsars, cela n'existe pas et ne peut pas exister. En Russie, c'étaient les souverains eux-mêmes qui se chargeaient de conquérir les territoires qu'ils jugeaient nécessaires à leur pays ; c'étaient eux, selon l'expression courante, les vrais « ramasseurs (*Sobirateli*) de la terre russe ». Et aucun plumitif à la solde de M. de Bismarck n'a encore osé accuser un Tsar russe d'avoir été le chef des panslavistes. Ce qui a pu donner naissance à la légende, c'est qu'il existait à Moscou vers le milieu de ce siècle un petit cénacle littéraire composé de quelques esprits éminents, comme les Aksakoff, les Khomiakoff et autres. Ce groupe de *slavophiles*, qui fut toujours fort restreint, s'occupait surtout de recherches historiques et s'intéressait aux origines des pays slaves ; il maudissait Pierre le Grand, coupable d'avoir imposé à la Russie la civilisation occidentale au lieu de laisser l'État moscovite se développer d'une manière autochtone, exécrait Pétersbourg en tant que capitale et se plaisait à porter dans l'intimité l'ancien costume national russe. Depuis longtemps ce cénacle a disparu ; le dernier survivant, M. Samarine, emploie ses loisirs à fulminer dans le *Novoié Vrémia* contre Ivan le Terrible et Pierre le Grand, auxquels il reproche d'avoir travaillé à la grandeur de leur pays par des moyens que condamne la civilité puérile et honnête... Tout cela, on le voit, n'est pas bien méchant et n'a rien qui soit de nature à troubler le sommeil de François-Joseph...

On a souvent commis l'erreur de désigner Katkof comme le chef des panslavistes ! Or, l'illustre publiciste, qui en général était peu liant et se tenait à l'écart de toutes les coteries, était loin de sympathiser avec le groupe des slavophiles dont les rêvasseries vagues répugnaient à son esprit éminemment pratique.

Maintenant, c'est au comte Ignatieff qu'on attribue la direction imaginaire du prétendu parti panslaviste. En réalité, le grand diplomate russe se borne à présider la Société de bienfaisance slave, société autorisée par le gouvernement, dont les séances sont publiques et qui emploie ses ressources plus que modestes à soulager des misères dans les pays slaves des Balkans ; c'est ce qu'elle a fait, notamment lors de la dernière famine au Monténegro. Cette institution philanthropique a aussi fondé quelques bourses en faveur des jeunes gens serbes ou bulgares qui viennent faire leurs études en Russie.

Que le peuple russe nourrisse pour les Slaves du dehors des sympathies, fondées sur une certaine communauté d'origine, rien de plus naturel, encore que les dernières expériences faites en Bulgarie aient légèrement refroidi ces sentiments affectueux ; — que le Tsar russe, protecteur attitré de l'orthodoxie (27), étende sa protection sur tous les peuples orthodoxes, tant slaves que grecs ou roumains, — rien de plus juste encore. Mais dans tout cela qu'y a-t-il de menaçant pour la cour de Vienne?

La réalité des faits est celle-ci : la Russie a toujours été l'amie et l'alliée la plus fidèle de l'empire autrichien. Jamais les armées de ces deux pays, pourtant voisins, n'ont lutté l'une contre l'autre, tandis que les troupes russes ont combattu sur d'innombrables champs de bataille à côté des troupes autrichiennes et toujours pour la défense de l'empire de Habsbourg menacé. Faut-il rappeler les campagnes de Souvaroff en Italie et en Suisse, la campagne de Paskiévitch en 1848?

Les véritables hommes d'État russes, ceux du temps de Pierre le Grand et de Catherine par exemple, ont toujours cherché, et non sans raison, à régler la question d'Orient d'accord avec l'Autriche. Telle est aussi la recommandation expresse contenue dans le célèbre testament de Pierre le Grand, qui, tout apocryphe qu'il est, n'en répond pas moins aux traditions de la politique nationale russe. Deux circonstances ont, dans la seconde moitié de notre siècle, troublé cet accord : l'ingratitude par laquelle, suivant le mot du prince Schwarzenberg, l'Autriche a étonné l'Europe pendant la guerre de Crimée, et la malheureuse partialité de nos diplomates pour la Prusse dans ses démêlés avec l'Autriche. Mais sont-ce là des raisons pour que l'Autriche-Hongrie renonce à son indépendance politique en faveur de la nation qui lui a porté en 1866 un coup presque mortel?

Il y a encore les prétendues menaces de guerre de la Russie en 1879 qui ont jeté l'Autriche-Hongrie dans les bras de l'Allemagne ; et même si les avis du comte Andrassy (28) avaient été écoutés en cette circonstance, la fière maison des Habsbourg se serait, par traité, reconnue vassale des Hohenzollern ! Et pourtant rien n'était plus faux que l'intention prêtée à la Russie d'attaquer l'Autriche et l'Allemagne en 1879. Elle l'aurait voulu que cela lui était absolument impossible. Mal remise des suites de la campagne contre la Turquie, elle n'était même pas prête à entreprendre une guerre offensive contre une seule puissance.

Que la Russie fût fort mécontente des résultats du traité de Berlin, c'était on ne peut plus naturel, comme il l'était aussi que, trompée par le prince de Bismarck, elle exhalât à ce propos sa mauvaise humeur; ce qu'elle fit d'une façon plus bruyante qu'habile.

Il est bien possible, ainsi que le disait le chancelier au comte de Saint-Vallier, que le général Milutine rêvât d'entraîner la Russie dans quelque aventure. Mais lors même que c'eût été le cas, personne mieux que le prince de Bismarck ne pouvait savoir que ni la haine contre l'Autriche ni les tendances panslavistes n'entraient pour rien dans ce désir. Le général Milutine faisait partie d'un petit groupe de hauts fonctionnaires (parmi lesquels le comte Loris-Melikoff et Golovine, pour ne citer que les morts) qui exerça sur la fin du règne d'Alexandre II une influence funeste. Ennemis de l'autocratie, dans l'espoir plus ou moins confus d'introduire en Russie on ne sait quel vague parlementarisme, ces hommes cherchaient *sciemment* à susciter des catastrophes! Tout leur était bon pour provoquer l'agitation, les troubles et le mécontentement dans le pays. Ce sont eux qui imaginèrent la fameuse peste de Wetlianka; c'est un de leurs complices qui essaya de jeter la panique à Pétersbourg en transformant un simple cas de maladie vénérienne en un cas de peste. Il est donc possible, disons-nous, que l'idée d'entraîner la Russie dans une guerre qu'il prévoyait désastreuse hantât l'esprit du comte Milutine. Mais le prince de Bismarck connaissait très bien cet homme « le plus ignorant et le plus aventureux des hommes d'esprit » (conversation avec le comte de Saint-Vallier), il le savait opposé aux tendances slaves et, d'un autre côté, fort peu hostile à l'Autriche. C'était le général Milutine en effet qui deux ans auparavant avait fait envoyer le général Obroutcheff à Vienne pour y signer avec le gouvernement austro-hongrois ce fameux traité de 1877, si mal conçu et plus mal rédigé encore, par lequel une entente était établie entre les deux nations, pour le cas où l'empire ottoman s'écroulerait sous les coups du vainqueur, et où le sultan quitterait Constantinople...

M. de Bismarck savait également qu'en Russie les questions de guerre et de paix ne dépendent que du Tsar et qu'Alexandre II ne se serait pas laissé alors entraîner dans une entreprise guerrière.

Néanmoins, le chancelier, aidé, il est vrai, par le comte Andrassy, parvint à alarmer François-Joseph au point de lui faire signer le traité d'alliance austro-allemande. L'archiduc Albrecht, le glorieux vainqueur de Custozza, le plus fidèle ami de la Russie, fut pris de même aux artifices du chancelier. Quoi d'étonnant à cela ? Le comte de Saint-Vallier et, à sa suite, le gouvernement français se sont bien jetés dans les bras du plus cruel ennemi de la France, uniquement parce qu'il leur a persuadé que l'Allemagne était menacée d'une agression russe !

Mais des suggestions aussi fantastiques ne durent pas éternellement : le moment viendra — et il est bien plus rapproché que le vulgaire ne se l'imagine — où l'Autriche-Hongrie comprendra de quel côté se trouve pour elle le véritable danger. Elle se convaincra sans peine que le spectre du panslavisme n'est qu'un spectre, et que son rêve de fonder un empire slavo-catholique risque d'être suivi du plus terrible réveil (29).

La Russie ne peut convoiter la moindre parcelle du territoire austro-hongrois sans nuire à sa propre sécurité. Prendre la Galicie ? pourquoi ? Pour s'annexer quelques centaines de mille Petits-Russiens socialistes, animés du plus détestable esprit, un demi-million de juifs polonais crevant de faim et un million de Polonais catholiques gâtés, qui pis est, par le régime parlementaire ! Atteindre la Bohême à travers la Silésie, la Galicie et la Moravie, donner la main aux Croates à travers toute la Hongrie ? Mais des idées pareilles ne peuvent venir qu'à des fous furieux. Par contre, tout le monde sait ce que convoite l'Italie et ce que peut recueillir l'Allemagne, une fois la succession de l'Autriche-Hongrie ouverte. Dans un moment de franchise inaccoutumée, M. Crispi, aussi irrédentiste au fond que M. Imbriani lui-même, a déclaré que l'alliance avec l'Autriche-Hongrie était le plus sûr moyen pour l'Italie d'obtenir Trieste et le Trentin, et c'est vrai. Aveugle qui ne prévoit pas la chute de l'empire austro-hongrois s'il s'obstine à poursuivre le mirage de la domination sur les Balkans. Cette poursuite l'entraînera dans une série de guerres meurtrières avec la Russie, et un moment viendra où l'Italie pourra mettre la main, au moins sur le Trentin. Quant à Trieste, M. Crispi s'illusionne s'il croit sérieusement que l'Allemagne se dessaisira jamais volontairement de ce port merveilleux...

On ne change plus après des siècles d'existence le caractère d'un organisme politique ; vouloir transformer l'ancien empire romain en un empire slave, c'est simplement vouloir en précipiter la dissolution. Quand un État se compose de tant d'éléments centrifuges, il lui est, sous peine de mort, interdit de poursuivre une politique d'expansion. La concentration est pour lui le seul moyen de salut.

Dangereuse pour l'Autriche, la politique imposée à la Hofburg par le prince de Bismarck l'est mille fois plus encore pour la Hongrie.

Dans l'hypothèse la plus probable, cette politique après des guerres sans fin aboutira à l'écroulement de l'empire et à l'éparpillement de ses membres. Dès lors, la Hongrie, avec ses quelques millions d'habitants, se trouvera noyée dans une masse de pays slaves, sans frontières naturelles et sans issue vers la mer. Si, par miracle, l'Autriche réussit réellement à se transformer en empire slave, le royaume de saint Étienne cessera encore plus sûrement d'exister en tant qu'État libre et indépendant. Ainsi donc, quelle que soit l'issue de la politique actuelle, elle sera fatale à la Hongrie.

Les Hongrois possèdent un grand sens politique, ils comprendront tôt ou tard vers quels abîmes ils sont poussés par les combinaisons d'Andrassy-Bismarck. Que dis-je? Ils l'ont déjà compris, témoin la courageuse campagne que l'opposition de la Chambre de Pest a menée avec une énergie et une persévérance rares contre M. Tisza et qui s'est terminée par la chute de ce valet du prince de Bismarck.

Quand une certaine partie de la presse austro-hongroise cessera de puiser ses inspirations dans les fonds guelfes, elle comprendra, elle aussi, que ses perpétuelles attaques contre la Russie et la France n'ont aucune raison d'être et vont à l'encontre des véritables intérêts de l'empire. La haine de la Russie, qu'elle ne se lasse pas de souffler chez les Hongrois, en évoquant les souvenirs de 1848, est trop inepte pour mordre longtemps sur l'esprit chevaleresque des Maggyars.

Même au plus fort de la lutte, les militaires russes ont maintes fois montré plus d'estime et de sympathies pour les braves honweds que pour leurs alliés autrichiens. On se souvient des nombreux duels qui ont eu lieu après la chute de Vilagos entre des officiers russes et autrichiens à propos de la manière blessante dont ces derniers traitèrent les nobles vaincus. Les vétérans de 1848 n'ont certainement pas oublié, non plus, la généreuse indignation de

Nicolas Ier quand le gouvernement autrichien, au mépris de la capitulation de Vilagos, commença à exécuter les prisonniers hongrois. C'est en envoyant Orloff, porteur d'une lettre autographe conçue en termes irrités, et en menaçant de faire enlever ces prisonniers par sa garde, que le Tsar parvint à sauver la vie au général Görgöy et à d'autres...

Les hommes d'État anglais, satisfaits d'avoir trouvé dans l'empire allemand une puissance prête à faire leur jeu sur le continent, se sont désintéressés de l'empire des Habsbourg et parlent avec la plus grande indifférence de sa prochaine disparition. L'Italie et l'Allemagne, en futurs héritiers qu'ils sont, s'appliquent à accélérer cette fin par tous les moyens dont ils disposent. *Pour la Russie, la France et le reste de l'Europe l'écroulement de l'Autriche-Hongrie serait un désastre d'une portée incalculable.* Quand on voit quelles terribles convulsions, quelles guerres sanglantes a occasionnées depuis deux siècles l'agonie de l'empire ottoman, on est saisi de véritables angoisses à la pensée des cataclysmes qu'amènerait la chute de l'empire austro-hongrois situé au centre de l'Europe, et étant donné l'enchevêtrement de ses nationalités aussi diverses qu'hostiles. C'est à la France et à la Russie d'épargner à l'Europe de si effroyables catastrophes en prêtant leur puissant concours à l'empire des Habsbourg. François-Joseph, malgré la grande douleur qui l'a frappé l'année dernière, est trop conscient de ses devoirs envers Dieu et ses peuples, trop pénétré des glorieuses traditions de sa race, pour se désintéresser du sort de ses États et les laisser aller à la dérive.

Peut-être aussi les diplomates russes et français, ayant perdu depuis la chute de M. de Bismarck leur guide et leur conseil, voudront-ils racheter leur déplorable attitude des dernières années en se mettant consciencieusement à la besogne pour trouver les bases d'une accession de l'Autriche-Hongrie à l'entente franco-russe. Il ne leur sera pas très difficile de les établir sans porter atteinte aux situations acquises et en tenant compte des sacrifices accomplis.

Par l'accession de son empire à l'entente entre la France et la Russie, François-Joseph se trouvera enfin membre d'une véritable ligue de paix.

POST-SCRIPTUM

Depuis l'impression de cette brochure, un nouveau fait vient
de se produire : quelques journaux anglais et italiens annoncent
mystérieusement que Guillaume II se prépare à proclamer la
neutralité de l'Alsace-Lorraine, que Léon XIII offre sa média-
tion entre la France et l'Allemagne, enfin que Mgr Galimberti
— ce prélat aux visées si humanitaires et si bienveillantes pour
la France!... — est chargé des négociations.

S'agit-il d'une nouvelle illusion du grand rêveur du Vatican
ou d'un vulgaire ballon d'essai? L'illusion est trop enfantine
pour être admissible. Le bruit mis en circulation par quelques
journaux ne prouve qu'une chose : on cherche à détourner l'attention publique en France des grandes augmentations d'effec-
tifs en Alsace et de l'activité fiévreuse qui règne à Rome, au
ministère de la guerre, depuis la visite du général de Waldersee.

Cette nouvelle prouve aussi que le duc de Cumberland n'est
pas encore sur le point d'obtenir la restitution des fonds guelfes...

Aux hommes politiques qui ont le redoutable honneur de
veiller à la sécurité de la France, je ne ferai pas l'injure de supposer qu'ils puissent être dupes de ces manœuvres de la Prusse.

Mais quelques journalistes français ont eu la naïveté de
reproduire et de répandre ces racontars; l'opinion publique
peut malheureusement se laisser égarer. Il est donc utile de
dire quelques mots du nouveau projet attribué à Guillaume II.

Les grandes idées du jeune empereur sont des éclosions spon-
tanées. Guillaume II n'a ni le temps ni l'habitude de faire ses
confidences aux journaux. Il aime à surprendre l'opinion et non
à la préparer. Personne, sans en excepter lui-même, ne connaît la
veille la grande pensée du lendemain. Les prétendues indiscrétions
des journaux manquent par conséquent de toute base sérieuse.

D'ailleurs la neutralisation de l'Alsace-Lorraine ne dépend

pas de la seule volonté de Guillaume II. Ces provinces appartiennent à l'Empire (*Reichsländer*) et non à la Prusse. Les autres souverains de l'Allemagne et le peuple allemand, qu'on aurait tort de traiter en « quantité négligeable », ont aussi leur mot à dire...

Le projet d'une neutralisation des pays annexés n'a jamais été pris au sérieux par de véritables hommes politiques, attendu que, loin d'empêcher une guerre entre les deux nations, il ne ferait que la précipiter. En effet, que deviendraient dans ce projet les deux formidables forteresses de Metz et de Strasbourg? Continueraient-elles à être occupées par l'armée allemande? En ce cas, la France resterait sans frontières et aussi exposée qu'aujourd'hui à une invasion. Et si ces forteresses étaient rasées ou recevaient une garnison alsacienne, tout le monde ne devine-t-il pas ce qui adviendrait un mois après?...

Malgré vingt années de république (est-ce bien malgré qu'il faut dire?), l'engouement pour les personnalités sévit en France plus que jamais. Il a suffi à Guillaume II de se défaire plus que cavalièrement de l'homme qui a fait la grandeur de son empire, il lui a suffi de montrer la velléité de régner à coups de décrets, — réglant même le port du monocle, — pour que dans l'imagination de bien des Français, de croquemitaine qu'il était, il se transformât en Louis XIV, en Napoléon Iᵉʳ, presque en sauveur de l'humanité.

Qu'on est plus clairvoyant dans la petite République helvétique! Aux subites gracieusetés de Guillaume II et de Crispi envers la France, le Conseil fédéral a vite compris que le danger d'une conflagration se rapprochait, et il s'est empressé d'expédier dans les montagnes quatre compagnies chargées de hâter la construction des forts destinés à barrer les passages du Saint-Gothard!

Les membres du Conseil fédéral suisse sont des hommes sages et avisés. On comprend que la République helvétique ait pu durer des siècles...

APPENDICES

(1) Nous aurions passé sous silence cette triste phase de l'histoire contemporaine de la France, mais le comte de Chaudordy, dont nul ne contestera ni l'ardent patriotisme ni la haute compétence, l'a mise en pleine lumière dans son remarquable ouvrage : *la France en 1889*, livre que tout patriote français devrait avoir sur sa table et méditer à tout instant. Il n'y a donc pas lieu de se taire sur un fait qui, d'ailleurs, était en Europe le secret de Polichinelle.

(2) Un député socialiste, M. Hoest, a intenté un procès en diffamation calomnieuse à plusieurs journaux du *Cartel* qui l'avaient accusé d'avoir, dans son programme électoral, prôné la renonciation de l'Allemagne à l'Alsace-Lorraine.

(3) Saint-Simon écrivait depuis : Le « Tsar avait une passion extrême de s'unir avec la France. Rien ne convenait mieux à notre commerce, à notre considération dans le Nord, en Allemagne et par toute l'Europe... On a eu lieu depuis d'un long repentir des funestes charmes de l'Angleterre, du fol mépris que nous avons fait de la Russie. »

(4) Voir les intéressantes études du général Schilder dans la *Rousskaïa Starina*, 1890.

(5) Suivant M. Stoffel, la Russie est devenue, après la guerre de 1878, l'ennemie de l'Allemagne parce qu'elle a perdu la domination qu'elle exerçait depuis 1815 sur la Confédération germanique. Notre auteur ne sait donc pas que, bien avant la guerre de Crimée, Nicolas était déjà excédé des querelles de la Confédération, qu'Alexandre II a toujours évité de s'en mêler et que la Confédération germanique elle-même a cessé d'exister cinq ans avant la fin de la guerre de 1870-1871 ! Quand on constate avec quelle ignorance M. le colonel Stoffel discute sur les questions politiques de la plus haute portée, on doit reconnaître que les électeurs parisiens ont manqué à toutes leurs traditions en ne l'envoyant pas siéger au Palais-Bourbon !

(6) De l'état actuel et de la politique en Europe, par Un ancien ministre (*Nouvelle Revue*, 1887).

(7) Lire dans le livre cité, du comte de Chaudordy, le rapport adressé le 14 novembre 1879 par le comte de Saint-Vallier au gouvernement, sur cet entretien. Cet entretien a été dernièrement publié aussi

sous l'inspiration de M. de Bismarck dans *Unterredungen mit Bismarck. Berlin*, par *von Unger*. Il existe de très notables différences entre les deux versions de cet entretien. Il est difficile de savoir laquelle est plus conforme à la vérité. Notons seulement que dans la version de M. de Bismarck se trouve une animosité assez grande contre l'Angleterre ; il préconisait un rapprochement entre l'Allemagne, la France et l'Autriche contre les envahissements de l'Angleterre et de la Russie. Tandis que le comte de Saint-Vallier lui fait dire : « Notre accord avec l'Autriche est dans mes idées le complément du vôtre avec l'Angleterre. »

(8) *Bismarck und Russland.* Berlin, 1887, p. 101 et suiv.

(9) Tout mauvais cas étant niable, on a, depuis, essayé à Berlin d'atténuer la crise de 1875, sans toutefois la nier complètement. Ceux qui désirent être fixés sur le réel danger que courut alors la France n'auraient qu'à interroger le prince de Galles, qui à cette époque n'était pas encore colonel prussien et allié de Guillaume II.

(10) Depuis quatorze ans que j'habite la France, j'ai vu passer un nombre incalculable de ministres des affaires étrangères ; je n'en ai rencontré que deux qui étaient de véritables hommes d'État, dignes de diriger la politique extérieure d'un grand pays : c'était le duc Decazes et Duclerc.

(11) *Événement*, n° du 22 septembre 1880.

(12) Cette conversation, M. Waddington l'a tenue pour démentir l'accusation d'avoir communiqué à Bismarck des propositions d'alliance faites par la Russie. Ainsi présenté, le fait était faux. Mais il a été commis, en effet, un abus de confiance, mais d'un autre genre quoique aussi au détriment de la Russie.

(13) Le gouvernement russe était si peu au courant du texte de ces stipulations qu'en 1884, lors de la signature du traité de Skiernievice, un des plénipotentiaires russes fit observer à M. de Giers qu'il fallait demander aux nouveaux alliés communication des anciens accords intervenus entre eux en 1879. « Ne le faites pas, ce serait montrer de la méfiance à M. de Bismarck, et cela pourrait le blesser ! » fut la réponse extraordinaire de M. de Giers, qui pourtant n'est pas archéologue. Il tombe 'sous le sens que si la Russie avait connu alors le véritable caractère du traité austro-allemand de 1879, M. de Giers lui-même aurait compris la nécessité d'en demander expressément l'annulation et de faire consigner celle-ci dans le nouvel instrument diplomatique.

(14) Nous en donnons quelques extraits d'après la traduction que Mme Adam a donnée dans la *Nouvelle Revue* du 15 août 1886 :

« Il est question de la réunion de trois ministres à Kissingen. Mais jusqu'à présent deux seulement se sont rencontrés. Nous ignorons si le ministre russe des affaires étrangères croira nécessaire d'aller à Kissingen pour délibérer — nous avons failli dire pour s'incliner —

devant l'irascible chancelier de l'empire allemand. (En effet nos pèlerinages chez le prince de Bismarck rappellent un peu trop les anciens voyages à la Horde d'Or.) Nous ignorons aussi quels pourparlers se préparent. Le chancelier allemand a en même temps que la gloire méritée une certaine grandeur mystique. On soupçonne sa main dans tous les événements de notre temps, on le croit possesseur d'un talisman qui enlève tous les obstacles, ouvre toutes les serrures... Il gouverne le monde. En est-il réellement ainsi? Ne serait-ce pas la foi qui crée ces miracles, et cette force n'est-elle pas plutôt redoutable grâce à notre superstition? Puisque nous parlons de l'amitié entre l'Allemagne et la Russie, cette amitié n'est-elle pas bien plus une nécessité pour l'Allemagne qu'un avantage pour la Russie? Si la rencontre des trois ministres avait eu lieu, le chef de notre diplomatie aurait pu démontrer catégoriquement au comte Kalnoky le profit que l'Allemagne a dû tirer de son amitié pour la Russie, ainsi que les écroulements que l'Autriche a subis pour n'avoir pas su utiliser l'amitié russe. Est-ce que, en effet, la Prusse doit les succès remportés, pendant le dernier quart de siècle, uniquement à ses propres forces? Est-ce que même la création de l'empire germanique s'est faite toute seule? Est-ce que la position prépondérante de cet empire, sa toute-puissance apparente, et les succès répétés du faiseur de miracles, qui se trouve à la tête de son gouvernement, ne sont pas le produit de la servitude volontaire de la Russie?... Si l'Allemagne est si haut, n'est-ce pas parce qu'elle a monté sur la Russie?... Même à présent, il suffirait à la Russie de reprendre sa liberté d'action, de cesser de jouer le rôle d'une litière, pour que le fantôme de la toute-puissance allemande s'évanouît, et pour qu'elle reprît un rang plus modeste parmi les autres États..... A quoi bon ces alliances, ces concerts?... Si on avait en vue une action commune, une vaste et dangereuse entreprise nécessitée par les intérêts de deux partis, un pareil accord, en vue d'un but commun, pourrait avoir sa raison d'être. *Do ut des.* Mais nous savons qu'il n'y avait aucune action commune en perspective, qu'il était seulement question de notre entente avec l'Allemagne, et par son intermédiaire (*pourquoi absolument par son intermédiaire?*) avec l'Autriche pour assurer, soi-disant, la paix européenne. Au fait, quel besoin avons-nous d'assurer la paix européenne? Et qu'est-ce que la paix européenne? Il nous suffit d'assurer la paix de la Russie dans la sphère de ses intérêts. Pourquoi serions-nous les gendarmes de la paix européenne?... Nous sommes convaincu qu'on voudra voir dans nos paroles une allusion à une alliance franco-russe, mais nous protestons contre une pareille interprétation. Nous désirons que la Russie reste dans des rapports libres et amicaux avec l'Allemagne, mais que des rapports pareils s'établissent également avec les autres nations et surtout avec la France qui, quoi qu'on dise, occupe de plus en plus une situation, en Europe, digne de sa puissance. A propos de quoi nous querellerions-nous avec elle, et que nous importent ses affaires intérieures?...

(15) Voici ce que j'écrivis à ce sujet à la *Gazette de Moscou* le 28 septembre 1866 :

« Il nous est indispensable avant tout de rétablir nos relations diplomatiques avec la France... Il est aussi indispensable que l'ambassadeur russe à Paris ne soit pas hostile à la France ou au moins qu'il n'ait pas à son actif le souvenir des rapports pénibles avec les hommes qui dirigent la politique française. Au contraire, il doit sympathiser avec la France et être sympathique aux Français... *Sapienti sat.* »

(16) Je ne puis m'empêcher de rappeler ici encore un souvenir de cette année si troublée. Au mois de février 1887, je fus appelé à Moscou par Katkof. C'était le moment où, à l'occasion des élections pour le Reichstag, la presse reptilienne se répandait en attaques d'une violence inouïe contre la France. La nouvelle de mon arrivée à Moscou et de mes longues conférences avec Katkof, fut connue en ville et, à la Bourse, s'était répandu l'étrange bruit que j'apportais un projet d'alliance entre la Russie et la France ! La satisfaction parmi les gros bonnets du commerce moscovite fut si grande que le lendemain plusieurs marchands vinrent m'offrir d'organiser une souscription « pour les pauvres Français menacés par cet infâme Bismarck ». Ils se faisaient forts de réunir immédiatement de grosses sommes. Je leur causai une vraie joie en les assurant que la France était assez puissante pour repousser toute attaque, et assez riche même pour venir à notre aide en cas de besoin...

(17) Nous raconterons bientôt ailleurs les détails de cette lutte historique, et de la mort tragique de Katkof.

(18) M. de Lesseps prit un prétexte politique pour se rendre à Berlin, mais en réalité il n'y alla que dans le vain espoir d'intéresser les gros banquiers de Berlin à l'entreprise de Panama. J'appris son projet de voyage le lendemain de mon retour de Moscou, et je fis à Paris de nombreuses démarches auprès de personnages influents pour empêcher ce dangereux voyage. Ce fut en vain : M. de Lesseps tenait à attendrir les banquiers de Berlin, et il n'y avait rien à faire. Ce voyage n'eut d'autre résultat que de décider le gouvernement russe à envoyer les grands-ducs Michel et Wladimir à Berlin pour l'anniversaire de Guillaume Ier, où auparavant il n'avait pas l'intention de se faire représenter officiellement.

(19) Le jour où le chancelier racontera les détails des luttes qu'il eut à soutenir contre Guillaume Ier pour faire de lui le souverain d'un des plus puissants empires du monde, bien des légendes concernant le vieil empereur seront détruites. Ce dernier avait une

très grande qualité, qui suffit, d'ailleurs, pour illustrer un règne :
il savait choisir ses hommes. Le jour où il mit son inébranlable confiance dans le célèbre trio : Bismarck, Moltke et Roon, il conquit du
coup sa place parmi les plus grands monarques de l'Europe. Tous
ses actes ultérieurs, souvent maladroits et mêmes enfantins, ne le
diminueront pas comme roi. Une seule anecdote pour montrer quel
était déjà en 1866 l'état d'esprit de Guillaume Ier. On se souvient qu'au
début de la guerre contre l'Autriche il resta à Berlin, d'où Moltke
conduisait les opérations militaires, et Bismarck la campagne diplomatique. Sous l'influence de la reine douairière, Guillaume contre-
carrait souvent, et d'une façon très malheureuse, les actes de Moltke
et de Bismarck; il suffit de rappeler notamment la bataille de Lan-
gensaltza, perdue par la Prusse, presque sur l'ordre de son roi. Il
s'agissait à tout prix d'arracher le monarque de Berlin et aussi du voi-
sinage du corps de ballet. On n'y réussit qu'en lui persuadant que s'il
persistait à abandonner le commandement au Kronprinz et à Frédéric-
Charles, leurs victoires feraient pâlir même ses propres exploits dans
sa campagne de 1848 contre les quelques bandes révolutionnaires
de Bade conduites par le poète Herwegh! Cédant à la force de cet
argument, Guillaume se rendit en Autriche où il arriva en temps utile
pour assister à la victoire de Sadowa!

(20) *Bismarck und Russland*. Berlin, 1887, p. 115.

(21) On est stupéfait de l'aveuglement de Napoléon III quand on étu-
die sa politique étrangère. Dans le dernier volume de l'historien *von
Sybel* sur la fondation de l'empire germanique nous trouvons de
curieux détails concernant les négociations qui ont précédé les événements de 1866. En prévision du conflit avec l'Autriche, Guillaume
écrivit à Napoléon, sous l'inspiration de Bismarck, une lettre autographe
dans laquelle, avouant son dessein de s'allier avec l'Italie et de faire
la guerre à l'Autriche, il demanda carrément à l'empereur quelles
compensations la France comptait réclamer pour l'agrandissement de
la Prusse. Rien de plus curieux que la conversation de Napoléon III
avec M. de Goltz au reçu de cette lettre. Pendant tout l'entretien, il
ne semble préoccupé que du succès des projets de Bismarck et il se
garde de formuler une demande quelconque! Bien plus, il promet
d'*user de son influence sur l'Italie pour la faire adhérer à l'alliance prussienne!* M. de Bismarck, après avoir lu le récit de cette étrange conversation, s'empresse d'envoyer à M. de Goltz de nouvelles instructions
lui enjoignant de ne jamais plus soulever la question des compensations et de répondre évasivement dans le cas où Napoléon y revien-
drait de lui-même. *Dans la réponse de Napoléon à Guillaume, pas une
allusion non plus à des compensations!*

(22) En janvier 1887, comme je plaidais devant le baron de Jo-
mini — une des rares intelligences politiques de notre ministère

des affaires étrangères, hélas! disparu depuis — la cause d'une entente franco-russe, il me répondit non sans une certaine impatience : « Ce n'est pas moi qu'il faut chercher à convaincre de la conformité des intérêts des deux pays. Si je n'étais pas par moi-même partisan d'une alliance franco-russe, je le serais par respect pour la mémoire de mon père qui a toute sa vie prêché à Napoléon Ier et à Alexandre Ier la nécessité de poursuivre une politique étrangère parallèle. Mais tâchez donc de faire comprendre aux Français que la Russie n'est pas un pays qui cherche à faire « des affaires » dans la politique étrangère ; elle poursuit une politique traditionnelle et séculaire et ne peut marcher d'accord qu'avec un peuple qui lui aussi est dans le même cas, qui ne change pas de système à chaque ministère, et de ministère à chaque changement de lune. »

(23) La lourde conquête de la Pologne nous fut imposée par les luttes que depuis des siècles ce pays ne cessait de provoquer chez nous.

(24) *Unterredungen mit dem Fürsten von Bismarck.* Berlin, 1889, p. 185.

(25) Le roi des Belges n'est que le prête-nom de l'Angleterre à qui il vendra son empire du Congo le jour où cet empire vaudra la peine d'être acheté. Qu'on se rappelle aussi la dernière mission de Stanley et la concession royale accordée récemment à la South-African Association.

(26) « Si l'Angleterre s'avisait pendant quinze jours d'être juste, elle ne subsisterait pas pendant trois semaines, » répondit un jour Pitt à Fox qui le savait, d'ailleurs, aussi bien que son adversaire, dont il ne combattait la politique que pour avoir le plaisir de la continuer lui-même.

(27) Dans un discours prononcé à Lyon en 1885, M. Jules Ferry a désigné le Tsar comme le plus haut dignitaire de l'Église russe, comme le pape orthodoxe, — et cela après avoir pendant deux ans dirigé les affaires extérieures de la France ! Vu cet étrange conception du tsarisme, l'antipathie de M. Ferry pour la Russie ne proviendrait-elle pas de ses tendances anticléricales?

(28) C'est cet excès de zèle prussophile qui, aussitôt après la signature du traité de 1879, amena la retraite en apparence inexplicable du comte Andrassy.

(29) Au fond, le titre de chef du panslavisme ne peut appartenir qu'au prince de Bismarck qui a conçu et poursuivi la formation de cet empire slavo-catholique !

TABLE

Paris. — Typ. Georges Chamerot, 19, rue des Saints-Pères. — 1888.